KB119903

아무나
쉽게
따라하는
인스타그램
마케팅

아무나
쉽게
따라하는
인스타그램
마케팅

황규진 지음

일에일북

● ● ●

인스타그램,
가장 효과적인 마케팅

　'#인스타그램전문가' '#황캡틴'으로 활동하고 있는 필자는 2010년 스마트폰의 등장과 함께 출시된 인스타그램을 초창기부터 사용하기 시작했다. 그러다 보니 어느덧 약 10년간 SNS 중에서 가장 많이 사용하고 있는 채널이 되었다. 지금도 인스타그램에서 여러 계정을 운영하고 있으며, 매일매일 인스타그램 속 세상에서 어떤 콘텐츠가 반응이 좋을지 고민하며 활동 중이다.

　2010년 11월, 딸이 태어나고 나서 12월에 첫 포스팅을 하며 개인 계정이 '#애스타그램'으로 가득 채워지기 시작했다. 그러던 중 한국을 대표하는 계정이 없다는 아쉬움에 서울시 및 관광공사 공식계정보다 먼저 @seoul_korea 계정을 만들었다. 이 계정은 운영한 지 1년 만에

· · ·

1만 팔로워를 달성했고, 5년 만에 약 18만 명이 팔로우하게 되었다. 서울을 대표하는 이 계정을 지금까지 직접 운영하고 있다.

그 사이 수많은 인스타그램 마케팅 책이 나왔고, 필자 역시 한참 전에 집필을 시작했다. 하지만 최대한 도움이 되는 방향으로 글을 써야 한다는 부담감에 오랜 시간이 지나서야 책이 나오게 되었다. 그나마 다행인 것은 그동안 필자의 경험이 더 많이 쌓였고, 수많은 회사와 개인 계정의 성장을 도우면서 그들의 실패와 성공을 옆에서 지켜볼 수 있었다는 점이다. 다만 급변하는 SNS 채널의 특성상 수시로 바뀌는 인스타그램의 기능을 책에 모두 담기는 쉽지 않았다.

이 책은 퍼스널 브랜딩을 원하는 사람, 장사를 하면서 매일 현장에

　　　　•　•　•

서 고객을 접하는 자영업자 또는 소상공인, 회사에 갓 입사한 신입 마
케터, 작은 회사를 운영하는 대표 등 인스타그램을 통해 자신 또는 가
게, 회사를 브랜딩 하고자 하는 사람들을 위한 책이다. 인스타그램 계정
을 어떤 식으로 운영해야 할지 방향을 잡을 수 있도록 나침반이 되고자
하는 마음으로 최대한 쉽게 실질적인 내용을 담았다. 여러 계정을 운영
하며 수많은 계정의 팔로워를 모으고 소통하고 노출과 도달률을 높여
온 경험을 상세하게 담으려고 노력했다.

　　인스타그램 컨설팅과 강의를 하면서 느낀 점은 많은 사람들이 맹목
적으로 인스타그램을 한다는 것이다. '다른 업체도 다 하니까' '대부분
인스타그램을 하니까'와 같은 이유로 접근하다 보니 '무조건 팔로워만

늘리면 되는 건가?' '소통은 어떻게 하는 거지?' '그냥 사진을 찍어 올리기만 하면 되는 건가?' 하며 단순히 생각하는 사람이 많다. 어떻게 해야 효율적으로 마케팅을 할 수 있는지에 대한 고민 없이 '열심히'만 한다. 이 책을 읽고 나면 인스타그램을 전혀 모르는 사람도 효율적인 마케팅을 위해 필요한 게 무엇인지 알게 될 것이다. 이 책이 효과적인 마케팅이 필요한 분들에게 조금이나마 도움이 되기를 진심으로 바란다.

황규진

PART 1 | 성공적인 인스타그램 마케팅 사례

PART 4 | 좋은 콘텐츠 만들기

EASY TO FOLLOW INSTAGRAM MARKETING

성공적인 인스타그램 마케팅 사례

     · · ·

인스타그램 마케팅은
왜 필요한가?

○ 스마트폰의 탄생

　아이폰의 등장과 스마트폰의 눈부신 발전으로 10년 만에 우리의 삶은 아주 많이 바뀌었다. 아침에 스마트폰 알람 소리에 일어나 TV 뉴스나 신문 대신 스마트폰으로 날씨를 확인한다. 스마트폰으로 버스 애플리케이션(이하 앱)을 확인한 후 집 앞 정류장에 버스가 올 시간을 계산해 시간 맞춰 출근을 한다. 출근길에는 스마트폰으로 음악을 듣고 포털 사이트 또는 페이스북을 보며 그날의 뉴스와 이슈를 확인한다. 퇴근 후에는 회식을 위해 네이버나 인스타그램에서 근처 맛집을 검색하고, 동료들과 스마트폰으로 사진을 찍으며 실시간으로 SNS에 공유한다. 회식이 끝난 후에는 앱을 이용해 택시를 예약하거나 대리기사를 부른다.

주말이 되면 가족들과 여행하기 위해 앱으로 숙소를 예약한다. 스마트폰 내비게이션의 안내를 받으며 실시간으로 막히는 길을 피해서 목적지까지 운전해 간다. 중간중간 스마트폰으로 여행의 추억을 사진으로 남기고 SNS에 올려 자랑한다. 여행을 하면서도 회사의 급한 업무는 웬만하면 스마트폰 하나로 처리가 가능하며 송금 또한 자유로워졌다. 심지어 스마트폰으로 그 자리에서 현장 결제까지 되는 세상이다. 전국 어디에서든 배달 앱으로 치킨과 족발을 시킬 수 있으며, 이 역시 사진을 찍어 '#먹스타그램'이라는 해시태그를 달아 SNS에 공유한다. 스마트폰이 등장하면서 이 모든 것이 사람들의 흔한 일상이 되었다.

스마트폰의 출현과 발전은 그야말로 우리의 생활 곳곳에 숨어들었고 우리도 모르는 사이 삶을 조금씩, 그러나 아주 많이 바꿔놓았다. 텍스트 중심에서 이미지와 영상 중심으로 콘텐츠 형태가 변했음은 어느 누구도 부인하지 못할 것이다.

영상을 활용하는 유튜브가 플랫폼의 대세가 되었지만 유튜브 크리에이터가 되기에는 영상 기획, 제작, 편집 등 진입장벽이 높아 아직도 접근이 쉽지만은 않다. 반면 인스타그램은 스마트폰으로 찍은 사진 또는 영상을 앱으로 쉽게 편집하고 짧은 글과 함께 올린다. 그리고 관심사가 같은 사람들과 간편하게 소통한다. 이렇게 간단한 방법으로 접근이 가능하기에 몇 년 동안 약 10억 명 이상의 유저가 인스타그램에 열광하고 있는 것은 아닐까?

◯ 스마트폰이 바꿔놓은 트렌드와 1인 미디어 시대

이전에도 휴대폰 카메라는 있었지만 화질이 나빠 성능에 한계가 있었다. 하지만 요즘 스마트폰 카메라는 예전의 '똑딱이카메라(콤팩트 카메라)'보다 뛰어나며 미러리스 카메라 못지않은 성능을 자랑한다. 스마트폰 카메라의 발달로 일상을 이미지화해 주변인들과 공유할 수 있게 되었다. 주변인뿐만 아니라 SNS라는 채널을 통해 일면식도 없는 사람과 공유하고 그 관계가 지속적으로 유지되면서 인터넷상에서 친구가 생기기도 한다.

물론 초창기 SNS 시대에도 사진과 글로 콘텐츠를 만들고 어떤 공간(플랫폼)에 올리면서 주변인 또는 같은 관심사를 가진 사람들과 공유하는 네트워크는 있었다. 여기서 주변인과의 네트워크는 아이러브스쿨 또는 싸이월드가 될 것이고, 같은 관심사를 가진 사람들과의 네트워크는 포털사이트의 카페 또는 블로그가 될 것이다. 하지만 스마트폰 이전의 플랫폼으로 발전한 것이었기에 실시간으로 공유하기가 어려웠다.

이제 콘텐츠의 공유는 스마트폰의 특성상 실시간으로 이루어진다. 트위터가 한창 유행하던 시기에는 지구 반대편에서 일어난 사건과 이슈가 포털의 뉴스보다 더 빨리 트위터에서 리트윗(RT)되며 전 세계 유저에게 퍼져나갔다. 필자 역시 트위터 사용 시기에 사건 사고를 뉴스가 아닌 트위터에서 먼저 인지한 경우가 꽤 많았다. 과거에는 집회 등의 이슈를 편집된 뉴스를 통해 어느 한쪽의 입장만 볼 수 있었지만, 이제는 '개인의 스마트폰 – SNS – 공유 – 확산'이라는 과정을 거치며 국민 개개인이 사건 사고의 양면을 다 들여다보고 판단할 수 있게 되었다.

스마트폰이라는 작은 기기 하나로 인해 전 세계 모든 사람이 기자가 되고 앵커가 되고 라디오 DJ가 되며, 사진작가가 되고 또는 연예인에 버금가는 셀럽이 되기도 하는 1인 미디어의 시대가 되었다. 이러한 1인 미디어 시대, 이미지 중심의 시대를 관통하고 있는 SNS 채널이 페이스북과 인스타그램이라고 할 수 있겠다. 페이스북은 초창기 모습과는 다르게 이제는 개인의 일상이나 사생활을 공유하기보다는 미디어 채널 또는 광고 채널로 더 각광받고 있다. 반면 인스타그램은 좀 더 접근이 쉽고 개인이 일상을 공유하는 채널로 사용되고 있다.

또한 페이스북은 글이 먼저 보이고 사진 및 동영상이 나중에 보이는 특징이 있다. 그에 반해 인스타그램은 이미지가 먼저 보이고 나서 글이 보인다. 심지어 글을 보지 않는 사람도 많다. 최근에는 영상이나 웹툰도 10분 미만의 콘텐츠를 스낵컬처(짧은 시간 동안 간편하게 문화생활을 즐기는 새로운 문화 트렌드)로 즐기는 추세다. 이러한 트렌드에 따라 사진을 쉽게 넘기며 예쁜 사진, 관심 있는 사진을 한 번 더 보고 소통하는 인스타그램이 젊은 유저, 특히 여성을 중심으로 유행하게 되었다. 이러한 추세에 딱 맞는 인스타그램을 잘만 활용하면 사진 또는 짧은 영상 하나로 마케팅 효과를 극대화할 수 있다.

이제부터 인스타그램을 이용해 성공적으로 마케팅에 성공한 사례를 살펴보고, 그들의 전략을 배워보자.

대한민국 대표
서울 사진 커뮤니티

@seoul_korea

인스타그램을 운영하면서 가장 어려운 점이 무엇인지 묻는다면 첫 번째는 콘텐츠 제작 및 생산이고, 두 번째는 팔로워를 늘리는 일이다. 그럼에도 다른 방식보다 조금은 수월하게 이 두 가지를 해결할 수 있는 방법이 있다. 바로 커뮤니티처럼 계정을 운영하는 것이다. 이러한 방식은 세계적으로 많이 이루어져왔으며 국내에선 필자가 아마 첫 테이프를 끊지 않았나 싶다.

필자는 인스타그램이 출시된 2010년 겨울부터 시작해 10년간 계정을 운영하고 있다. 그중 @seoul_korea 계정은 약 6년 전, 다른 나라에는 나라 또는 도시마다 대표 계정이 있는데 국내에는 없다는 데 착안해만든 계정이다. 단 1년 만에 1만 팔로워를 돌파했고 2020년 기준 거의

▲ @seoul_korea 계정과 #seoul_korea 해시태그로 올라온 콘텐츠

18만 팔로워에 다다랐다. 단지 팔로워만 많은 것이 아니라 게시물에 달리는 '좋아요' 수는 평균 6천~7천 개 정도 되고 댓글은 50~100개 내외다. 콘텐츠가 좋은 경우에는 '좋아요' 수가 1만을 넘기도 한다. 이 수준은 전 세계적으로 유명한 계정 50만~100만 팔로워 계정과 비슷한 수치라고 볼 수 있다. 또한 계정과 같은 해시태그 '#seoul_korea'로는 36만 개가 넘는 콘텐츠가 올라와 있다.

ℚ 자신의 관심사를 잘 찍은 사진에 담아라

필자가 이 계정을 성장시켜온 노하우를 낱낱이 파헤쳐보겠다.

첫째, 본인이 가장 관심 있고 자신 있는 콘텐츠로 콘셉트를 잡는다. 필자는 인스타그램을 오래 해오면서 사진에 관심을 가지게 되었고, 항상 카메라를 들고 다니며 출퇴근 시 또는 여행 시 수없이 많은 사진을 찍어왔다. 물론 인스타그램 업로드를 위해서인 경우가 많았다. 사진을 전공하거나 배우지 않고 인스타그램을 통해서 좋은 사진을 많이 보고 업로드하면서 조금은 발전했다고 생각한다.

필자는 서울 중심에 있는 호텔에서 10여 년간 근무하면서 자연스럽게 서울 관광지에 관심을 가지게 되었다. 외국인에게 관광지를 소개해주며 업무에서뿐만 아니라 인스타그램을 통해 전 세계에 한국과 서울을 알리고 싶어졌다. 이 이야기가 중요한 이유는 자기가 관심 없는 주제의 사진과 이야기로는 계정을 운영하고 키우기가 쉽지 않기 때문이다. 신입사원으로 들어간 회사에서 SNS 마케팅팀에 배정받아 인스타그램을 맡아보라고 했을 때, 회사의 히스토리나 브랜드에 대해 파악도 못하고 인스타그램 계정을 운영하는 게 고역이었던 것과 마찬가지일 것이다.

둘째, 사진이 기본이다. 따라서 사진에 대한 흥미와 관심을 키워야한다. 인스타그램에서 동영상의 비중이 점점 커지고 있고, 사진이 아닌 카드뉴스 등의 이미지 작업도 많아지고 있다. 그럼에도 불구하고 인스타그램의 주요 콘텐츠는 아직 사진이며, 많은 유저들이 멋진 사진 한장에 더 관심을 가지고 열광한다. 사진에 대한 최소한의 배경지식을 쌓아야 한다. 최근에는 인터넷이나 블로그, 커뮤니티 카페에서 사진 및 카메라에 대한 지식을 충분히 배울 수 있으며, 카메라 기업에서도 브랜드별 사진 강좌를 저렴하게 운영 중이다. 본인이 사용하는 카메라 브랜드

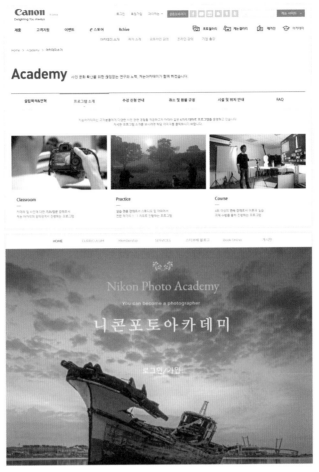

▲ 카메라 브랜드별 사진 강좌

의 강좌가 좋은 이유는 사진은 예술적 감각과 센스로 찍기도 하지만 결국 카메라가 큰 역할을 하기 때문이다. 관련 강좌를 들으면 카메라의 기본적인 매뉴얼이나 기능을 모르고 감으로만 찍는 것보다 실력이 훨씬 발전할 가능성이 크다.

셋째, 커뮤니티 계정은 다른 유저들과 함께 만들어가는 것이다. 인스타그램은 해시태그라는 기능을 바탕으로 모르는 이들과 관심사 기반의 관계를 맺으며 친해지고 친구가 된다. 이러한 관계의 유저들과 함께 콘텐츠를 만들어내고 재생산해 다른 유저들에게 소개하는 방식으로 커뮤니티를 만들어가고 키워가는 것이다. 커뮤니티 계정은 일반 개인 계정에 비해 초반에 조금은 손이 많이 가고 키우기가 어렵지만, 팔로워 및 콘텐츠가 어느 정도 쌓인다면 그 이후부터는 조금 수월하며 계정의 발전 속도도 빨라지는 특징이 있다.

넷째, 비즈니스로의 연결이 목표라면 커뮤니티 계정 설계 시 콘셉트를 정한다. 필자는 처음부터 비즈니스로 전환하고자 생각하지는 않았다. 하지만 계정이 많이 커지면서 이를 활용해 좀 더 많은 사람들에게 좋은 콘텐츠와 함께 좋은 제품도 소개하고 있다. 이처럼 원래는 순수한 커뮤니티 성격이었다가 상업적인 모습을 보이면 거부감이 생길 수도 있다. 가급적 상업성을 띠지 않고 비즈니스 성격으로 얼마나 자연스럽게 전환하느냐가 관건이다. 필자의 @seoul_korea와 그를 기반으로 한 '서울매니아(@seoulmania.co.kr)' 역시 아직은 그 고민에서 자유로울 수는 없다고 할 수 있다. 만약 순수한 커뮤니티 계정이 아닌 경우에는 이러한 비즈니스 모델의 로드맵을 미리 계획해 자연스럽게 녹여내는 것이 중요하다.

지금도 늦지 않았다. 좋아하는 콘텐츠를 혼자 만들어 혼자만 보지 말고 인스타그램 친구들과 공유해보는 건 어떨까?

한복에 빠진 20대 여성의 모던한복 브랜드 '하플리'

@happly_hanbokbeagle

언제부턴가 한복을 빌려 입고 시내를 누비는 게 유행하기 시작했다. 전주 한옥마을이나 고궁에 가보면 한복을 입은 외국인과 젊은 남녀를 쉽게 만나볼 수 있다. 한복은 우아하고 아름답지만 소재와 디자인 특성상 너무 불편해서 명절이나 특별한 집안 행사가 아니고서는 평상시에 입을 일이 거의 없다. 필자도 결혼식에서 한 번, 아이 돌잔치에 한 번 입어본 게 전부다. 그렇다면 젊은이에게는 접할 기회가 더 없을 듯한데 어떻게 한복이 젊은 사람들 사이에서 특별한 '잇템'이 되었을까? 필자가 창업을 하면서 알게 된 대표님의 사례를 소개하고자 한다. 모던한복 브랜드 '하플리' 이야기다. 어떻게 20대 여성이 한복 사업을 시작해 승승장구하게 되었을까?

Q 젊은 여성에게 최적화된 아이템

한복이 외국인뿐만 아니라 젊은이의 일상에 파고든 데는 역시 인스타그램 등 SNS의 영향이 크다고 할 수 있다. 한복은 조금 불편하지만 연인과의 데이트 또는 친구와의 특별한 하루를 보내기에 더없이 좋은 아이템이다. 더구나 인스타그램에 남기기에도 제격이다.

이러한 한복의 특성과 트렌드에 힘입어 하플리 이지언 대표의 계정도 인기를 얻고 있다. 특히 전통적인 한복과 현대적인 감각이 잘 어우러진 사진을 올린다. 젊은 여성 대표답게 젊은 여성의 취향을 적극 반영해 공유하고 싶은 계정으로 만들었다.

▲ 젊은 여성의 취향을 공략한 콘텐츠

아이템만 인스타그램에 최적화되어 있는 것이 아니다. 필자가 칭찬하고 싶은 부분은 인스타그램 운영 전략이다.

하플리 공식계정은 @happly_hanbok이다. 그러나 이 대표의 개인계정인 @hanbok_beagle이 팔로워 수도 훨씬 많으며 더 활성화되어 있다. 이런 일은 인스타그램에서 비일비재하다. 물론 누구나 이름만 들으면 알 만한 대기업이나 글로벌 기업은 공식계정이 더 알려져 있고 활성화되어 있을 것이다. 그에 비해 중소기업이거나 젊은 대표가 운영하는 쇼핑몰은 공식계정보다 대표의 계정이 활성화된 경우가 훨씬 많다. 그 이유는 인스타그램의 인기에 힘입어 사업을 시작하는 경우도 많지만, 고객이나 인스타그램에서 활동하는 사람들 입장에선 공식계정이 그다지 흥미롭지 않기 때문이다. 아무래도 공식계정은 제품 사진으로 도배되는 경우가 많고, 가끔 이벤트를 열기도 하지만 별로 재미있는 콘텐츠가 아니다.

○ 공식계정 같지 않도록 친근하게

하플리의 이 대표는 영민하게도 본인의 개인계정이 더 활성화되는 현상을 눈여겨보았다. 그래서 개인계정인 @hanbok_beagle에 브랜드 명을 넣은 @happly_hanbokbeagle로 바꾸어 공식계정처럼 쓰기로 했다. 또한 기존의 공식계정 @happly_hanbok에 특별한 의미가 담겨 있지 않다고 판단해 @happlyz_hanbok으로 바꾸었다. 이 계정으로 하플리의 고객과 팬들을 '#하플리즈(팔로워와 고객에게 물어본 후 결정)'라고 칭하며 후기 사진을 올리거나 DM을 보내는 등 소통을 위한 활동을 할 때 사용하고 있다.

인스타그램을 처음 시작하는 업체 대표나 담당자는 이 부분을 절대 간과하지 말아야 한다. 브랜드에 대한 고객충성도가 정말 뛰어난 기업이 아니라면 인스타그램을 절대 공식계정처럼 운영하면 안 된다. 우리 회사와 브랜드의 살아 있는 이야기를 끌어내야 한다. 이에 대해서는 뒤

▲ 이지언 대표의 개인계정과 하플리 공식계정

에서 다시 다루도록 하겠다. 하플리 이야기로 다시 가보자.

　이 대표는 자신이 한복을 얼마나 사랑하고 이 일에 얼마나 열정이 넘치는지를 인스타그램으로 보여주며 항상 자신의 브랜드를 입고 사진을 찍어 업로드한다. 자신의 브랜드를 본인이 가장 잘 나타낼 수 있으며, 이 대표의 팬일 수도 있는 팔로워들은 한복을 입은 그녀의 모습이 예뻐 보여 '좋아요'와 댓글을 달고 소통하며 제품을 구매하기까지 한다. 팔로워에서 고객이 되고 브랜드의 팬이 되는 것이다. 이 대표 또한 판매자에서 끝나는 것이 아니라 진심으로 소통하면서 고객을 인스타그램 친구처럼 대하고 재구매로 이어지게 한다. 회사와 고객이 아닌 인친 (인스타그램 친구) 또는 준셀럽과 팔로워의 관계를 유지하고 있는 듯하다.

또한 최근에 업데이트된 인스타그램 기능 중 하나인 라이브 기능도 잘 활용하고 있다. 신제품이 입고되면 본인의 쇼룸에서 선보이며 고객과 소통하는 모습을 보여준다. 글로벌 플랫폼답게 외국인이 쇼룸까지 직접 찾아와서 구매하기도 한다고 전해 들었다. 대한민국의 한복을 전 세계에 알리고 있는 하플리의 앞날을 응원한다.

대기업 인스타그램 운영의 정석

@innisfreeofficial과 @hanwhadays

인스타그램이라는 SNS가 마케팅 채널로 급부상하자 소규모 기업뿐만 아니라 국내 대기업들도 너 나 할 것 없이 이 채널에 뛰어들었다. 특히 비주얼을 내세울 수 있는 브랜드나 젊은 여성을 타깃으로 하는 브랜드로선 어쩌면 좋은 기회였을지 모른다. 그중에서도 많은 사람들이 국내 인스타그램 마케팅 성공 사례로 뽑는 첫 번째 브랜드는 이니스프리다. 인스타그램에 관련된 포스팅이나 뉴스, 자료, SNS 마케팅 강사들의 강의자료에서 이니스프리의 인스타그램 마케팅 성공 사례는 이미 단골로 등장하고 있다.

○ 이니스프리

　책을 집필하면서 알게 된 내용인데, '이니스프리'는 아일랜드 시인 월리엄 예이츠의 시 〈이니스프리의 호수 섬〉에서 가리키는 작은 호수 섬이라고 한다. 시의 이상향과 흡사하면서 국내에서 아름답고 인기 있는 제주도를 콘셉트로 잡은 것이다.

　인스타그램 마케팅에서 가장 중요한 것은 브랜드의 콘셉트와 통일성 있는 색감을 전체 콘텐츠와 썸네일에 잘 나타내는 것이다. 이니스프리의 성공 이유도 여기에 있다. '제주도 → 초록 → 자연주의' 콘셉트로 이어지는 통일감 있는 콘텐츠를 구성한다.

　게다가 실제 제주도에 거주하는 사진작가에게 전반적인 촬영을 맡겨 제주도의 일상이 잘 묻어나는 감성 콘텐츠를 업로드하고 있다. 그

▲ 이니스프리 공식계정, 제품사진 계정

외의 제품사진은 따로 @innisfree.intalog 계정에 룩북 형태로 동영상과 함께 업로드한다. 다만 아직까진 일상적인 감성의 공식계정에 비해 인기도 적고 소비자들의 반응도 약한 편이다.

그러나 이니스프리는 인스타그램을 가장 많이 쓰는 20~30대 여성을 주 타깃으로 한 브랜드다. 한류와 K-뷰티의 영향으로 한국 화장품이 외국인에게 인기가 많으며, 인스타그램에서 타 업종에 비해 비주얼적으로 표현할 것이 많은 브랜드이기도 하다. 이런 요소들로 인해 더 큰 성공을 거둔 게 아닐까 한다.

Q 한화그룹

그보다 좀 더 접근하기 어려운 대기업의 경우는 어떻게 풀어낼 수 있을까? 국내 유수 대기업 중 SNS에서 가장 활발한 마케팅을 펼치며 성공 신화를 쓰고 있는 기업이 바로 한화그룹이다. 필자는 2017년까지만 해도 한화그룹 계열사에서 11년간 근무한 한화 직원이었다. 사실 한화는 인스타그램에서 마케팅하기 쉬운 업종이 있는 것도 아니고, 기업 이미지가 SNS에서 통하는 것도 아니다.

한화그룹은 한국화약주식회사로 시작한 화약회사다. 주요 계열사는 한화생명, 한화건설, 한화케미칼, 한화호텔앤드리조트 등이다. B2C(기업과 소비자 간 거래) 업종보다 방산, 기계, 화학 등 B2B(기업 간 거래) 업종으로 구성되어 있다. 어느 누가 봐도 계열사 중 인스타그램이나 페이스북에서 쉽게 풀어낼 수 있는 브랜드가 없다. 그나마 필자가 근무했던 한화호텔앤드리조트가 젊은층에게 비주얼을 보여줄 수 있는 콘텐츠로 만들어낼 수 있는 브랜드라 할 만하다.

그럼에도 불구하고 한화그룹은 '한화데이즈'라는 SNS 브랜드를 앞세워 블로그, 페이스북, 인스타그램에서 두각을 나타내고 있다. 2015년에는 한화데이즈가 SNS 관련 상을 24관왕이나 차지했다고 하니 얼마나 SNS 마케팅 운영을 잘하고 있는지 알 수 있는 대목이다.

한화데이즈는 블로그로 시작했다. 블로그의 장점은 뭐니 뭐니 해도 풍부한 자료라고 할 수 있다. 20~30대 직장인에게 맞춘 공감 콘텐츠와 각 계열사 소식은 물론, 한화그룹에서 일어나는 소소한 소식도 알 수 있으며, 그룹 내 기자단과 한화프렌즈 기자단 역시 다양한 주제의 글을 포스팅한다. 블로그의 누적 방문객 수도 2020년 9월 기준 150만 명을 돌파했다.

한화데이즈의 페이스북은 2016년 9월에 개설해 4년 만에 팬 100만 명을 돌파했을 정도로 인기가 많다(2020년 130만 명). 2016년 당시 기업계정 중 100만을 넘은 것은 삼성과 현대자동차에 이어 네 번째였다고 한다. 한화데이즈 페이스북에는 젊은층에게 인기 있는 문화 트렌드, 맛집 생활정보 등의 콘텐츠를

▲ 인스타그램을 성공적으로 마케팅에 활용한 @hanwhadays 계정

공유하고 있다.

한화데이즈는 2016년 카카오스토리의 운영을 중단하고 인스타그램을 시작했다. 그 이유는 카카오스토리의 성장세가 꺾이기도 했지만 젊은 유저 및 주요 타깃층이 인스타그램으로 옮겨왔기 때문일 것이다. 한화의 인스타그램 계정 @hanwhadays 역시 한화데이즈의 이름을 그대로 따왔다. 한화데이즈의 인스타그램 계정은 개설 4년 만에 게시물 600개 만에 4만 팔로워를 확보했다. 그렇다면 이제부터 한화데이즈의 인스타그램을 낱낱이 파헤쳐보자.

1. 인스타그램 = 일상 + 감성

▲ 일상을 감성적으로 담아낸 사진들

인스타그램은 일상 그리고 감성, 이 두 단어만 알아도 반 이상은 성공이다. 기업에서 인스타그램 계정을 만들고 나서 생기는 가장 큰 어려움은 콘텐츠일 것이다. 어떤 사진과 동영상을 만들어서 올려야 사람들이 공감해줄지가 고민인 건데, 많은 기업들의 계정이 그런 고민 없이 자사의 제품사진만 주야장천 올리곤 한다.

미리 말해두지만 인스타그램은 SNS 마케팅 채널 중의 하나일 뿐이지, 홈페이지나 쇼핑몰 페이지가 아니다. 즉 한화데이즈 계정처럼 기업계정임에도 불구하고 사람들이 쉽게 공감할 수 있는 일상의 감성을 담은 사진을 올려야 인스타그램에서 통한다고 볼 수 있다. 그리고 중간중간에 자연스럽게 자사의 제품 및 서비스를 녹여내야 한다.

한화데이즈의 인스타그램 썸네일을 보면 누구나 경험하고 찍을 수 있는 일상적인 사진이 많다. 그러면서도 최대한 톤앤매너(광고 마케팅에서 많이 사용되는 단어로, 작업물에 관한 색상적 분위기나 방향성, 표현하는 방법에 관한 전반적인 것)가 맞춰져 있다. 전체적인 색감이나 톤이 기업의 CI 색인 오렌지색감의 빛을 띠거나 오렌지색이 들어간 사진들도 보이는 것을 알 수 있다.

2. 자연스럽게 자사 제품 및 서비스 노출

필자는 한화데이즈의 인스타그램 계정이 개설된 뒤 약 1년간 한화데이즈 사진작가로 활동했다. 다음에 나오는 사진은 모두 필자가 찍은 사진이다. 첫 번째 사진은 더플라자호텔의 주요 SNS 계정 및 홈페이지와 각종 홍보물에도 쓰이고 있을 만큼 인기 있다. 그 이유는 무엇일까? 우선 자사 제품인 더플라자호텔만 전면에 내세우지 않고 한국적인 느낌의 고궁과 조화를 이루었기 때문인 듯하다.

인스타그램이 페이스북과 다른 점 중 하나가 사진 및 이미지가 먼저 보인다는 것이다. 그렇다고 해서 글을 소홀히 하면 안 된다. "매일매일 '#오늘'만 같아라~"라면서 일상적인 단어와 말투를 쓰고 자사의 제품을 홍보하는 듯한 단어는 일체 사용되지 않았다. 두 번째 사진 역시 셀카 찍는 20대로 보이는 여성의 뒷모습과 함께 인생샷 찍기 좋은 곳

▲ 제품 사진을 전면으로 내세우지 않아 홍보하는 느낌이 덜한 콘텐츠를 올렸다.

이라고 하면서 한화그룹이 조성한 보라매공원의 한화불꽃정원을 자연스럽게 소개하고 있다. 세 번째 사진은 첫 번째 사진보다는 자사 제품을 좀 더 전면으로 내세우긴 했지만, 글에 "문득 올려다보니 근사한 #밤하늘" '#달보다빛나는' '#청춘'이라는 감성적인 글로 더 플라자호텔이 달빛과 서울타워와 어울려 자연스럽게 홍보하는 듯한 효과를 주었다.

3. 대표 브랜딩 해시태그

한화데이즈 계정은 초반에는 특별한 대표 브랜딩 해시태그가 없었으며 콘셉트를 잡기 위해 많이 노력한 듯하다. 그러다가 한화를 대표하는 불꽃축제의 불꽃을 일상에 녹여내기 위해 그들만의 해시태그를 만들어냈다.

2015년 초창기에는 단순히 한화불꽃축제에 대한 사진과 해시태그들이 있었다. 반면 그 이후부터는 해시태그 중간에 '#1일1불꽃' '#오늘의불꽃' '한화불꽃'이라는 해시태그를 중간에 섞어 넣었다. 그러다가 본격적으로 사진 바로 아래 글 앞에 '#오늘의불꽃'을 포함한 해시태그의 형태로 열정적인 모습, 힐링, 소소한 기쁨 등 하루의 특별한 점을 한 가지씩 불꽃이라는 단어와 함께 썼다. 자연스럽게 한화의 아이덴티티를 인스타그램 콘텐츠에 일관성 있게 녹여내고 있다.

▲ '#오늘의불꽃' 등으로 일관성 있는 해시태그를 사용한다.

4. 이벤트

대기업 계정인 만큼 한화데이즈 인스타그램은 이벤트도 자주 하는 편이다. 인스타그램 이벤트에는 해시태그 이벤트, 리그램(regram; 리포스트 앱 또는 툴을 이용해 해시태그를 검색해 다른 계정의 사진을 공유하는 방식) 이벤트, 친구태그 이벤트 등이 있는데 한화데이즈에서 주로 하는 이벤트는 해시태그 이벤트다. 일반적으로 소상공인이나 중소기업은 팔로워를 늘리기 위해 리그램이나 친구태그 이벤트를 더 많이 하기는 하지만 가장 부담 없는 이벤트는 아무래도 해시태그 이벤트일 것이다. 리그램처럼 계정의 썸네일이나 피드가 지저분해질 일이 없고 친구에게 민폐 끼칠 일도 없으니 말이다. 자신이 올렸던 사진이나 새롭게 올리는 사진에 해시태그만 붙이면 끝이기 때문에 가장 단순한 방법이다.

▲ 한화데이즈의 이벤트 이미지

이벤트 시에는 다음 이미지처럼 크게는 아니더라도 사진에 이벤트임을 알리는 게 좋다. 스낵컬처를 즐기는 인스타그램 유저 특성상 피드에서 쓱쓱 올리면서 사진을 훑어보는 경향이 많다. 그래서 이벤트라고 글로만 써놓으면 많은 사람들이 그냥 지나쳐서 못 보게 되는 경우가 생길 수 있다. 다만 글씨를 너무 크게 쓴다면 전체적인 톤앤매너를 해칠 수도 있고, 같은 이미지를 가지고 스폰서드 광고를 진행할 때 글씨 때문에 페널티를 받아 노출이나 도달률이 떨어질 수도 있다.

이벤트라고 해서 굳이 비싼 상품을 줘야 할 필요는 없다. 대기업 계정들 역시 소소하게 커피 기프티콘을 주는 경우가 많다. 커피 기프티콘도 부담스럽다면 자사몰의 포인트를 내걸고 이벤트를 진행해서 회원가입을 늘리는 것도 하나의 방법일 수 있겠다. 필자가 직접 진행했던 이벤트를 바탕으로 실전에 어떻게 활용하는 게 좋은지 뒤에서 자세하게 설명해보도록 하겠다.

소상공인, 중소기업의 대표, 기업의 SNS 채널을 맡게 된 직원이라면 이렇게 잘 운영하고 있는 기업의 계정을 자주 살펴보면서 벤치마킹을 하는 것도 많은 도움이 될 것이다.

인스타그램 유저라면
한 번쯤은 봤을 시계 브랜드

@danielwellington

시계에 크게 관심이 없는 필자를 포함한 일반인에게는 다니엘웰링턴이라는 브랜드에 대해서 누군가 보여주거나 언급한다면 고개를 갸우뚱할 것이다. 그러나 인스타그램을 자주 이용하는 유저에게 물어본다면 "아! 그 시계 인스타그램에서 봤어요."라고 분명히 대답할 것이다. 그만큼 인스타그램에서는 자주 노출되고 많은 사람들이 관심을 가지는 브랜드다.

다니엘웰링턴은 지금처럼 인플루언서 마케팅이라는 단어가 사용되기 전부터 인플루언서 마케팅을 실천한 몇 안 되는 브랜드 중에 하나다. 다니엘웰링턴은 인스타그램의 생태계를 완전히 이해하고 이 플랫폼 안에서 최소한의 비용으로 최대의 효과를 이끌어냈다.

▲ 제품을 자연스럽게 녹여낸 다니엘웰링턴의 감성적인 사진

2020년 기준 인스타그램 팔로워 491만이라는 엄청난 기록과 함께 #DanielWellington이라는 해시태그에 무려 232만 개의 게시물이 포스팅되어 있다.

그뿐만이 아니다. 2011년에 설립해 600만 개 이상의 시계를 판매했으며, 2016년에는 2억 3천만 달러(한화 약 2,600억 원)의 수입을 올렸다. 2017년 2월 유럽에서 가장 빠르게 성장하는 민간기업으로 선정되었고, 한국에는 2017년에 진출해 면세점 시계 카테고리에서 매출 1~2위를 기록하는 브랜드로 자리 잡았다. 단지 인스타그램 마케팅에서만 성공한 것이 아니라 매출에서도 엄청난 기록을 세워나가고 있다. 심지어 다니엘웰링턴은 단 1만 5천 달러로 시작한 스타트업 기업이다.

○ 인스타그램 플랫폼에 대한 이해

그렇다면 다니엘웰링턴은 어떤 방식으로 인스타그램에서 그 많은 팔로워에게 어필하며 시계 브랜드 순위 상위에 오를 수 있었을까? 다니엘웰링턴은 인스타그램이라는 SNS 플랫폼에 대해 정확히 파악하고 있다. 인스타그램을 처음 시작하는 수많은 브랜드의 계정 운영자들이 가장 어려워하는 것중 하나가 콘텐츠다. 대기업 계정임에도 불구하고 인스타그램에 대한 이해 부족으로 인해 자사의 제품사진으로 도배하는 경우도 많다. 다니엘웰링턴 역시 초창기에는 자사의 시계 사진으로만 도배하던 때가 있기는 했다. 물론 지금도 시계 브랜드인 만큼 시계 사진이 없을 수는 없지만 시계 자체만을 부각시키는 경우는 극히 드물다.

지금의 콘텐츠들은 다니엘웰링턴 시계가 전 세계를 여행하는 듯한 느낌을 준다. 그만큼 독창적으로 인스타그램에 최적화된 특별한 콘텐츠를 만들어가고 있다. 그들은 어떻게 반응이 좋은 콘텐츠를 만들까?

○ 인플루언서를 통한 콘텐츠 재생산

인스타그램에서 활동하는 인플루언서는 연예인을 포함해 유명인(셀럽) 또는 사진작가들이 많다. 그들에게 DM(Direct Message)을 통해 접촉한 후 원하는 시계 모델을 선택하게 하고, 일종의 홍보 가이드라인을 제공해서 원하는 날짜에 원하는 글과 해시태그를 함께 업로드하길 요청한다.

인플루언서들은 그동안 포스팅했던 자신만의 노하우와 콘셉트로 창조적인 콘텐츠를 제작해 올리게 된다. 인플루언서 특성상 아무리 홍보용 제품사진이라도 평범하게 찍길 원치 않으며, 팔로워에게 자신의 콘텐츠가 광고 같은 느낌을 주기 싫어하는 경향이 있게 마련이다. 특히 유명한 인플루언서일수록 좀 더 특별하고 개성 있는 콘텐츠로 팔로워들과 인스타그램 유저들에게 인정받고 싶어 하는 경향이 있다. 또한 다니엘웰링턴 공식계정 역시 독창적이고 개성적인 사진으로 채워져 있어 그 공식계정에 자기 사진이 소개된다면 영광스럽게 여길 것이다. 다니엘웰링턴 측에서도 자연스러운 사진은 3장만 올려도 되지만, 제품사진만 올릴 경우 5장을 올려야 한다고 가이드라인을 제시한다. 이런 점도 인플루언서들이 좀 더 특별한 사진을 포스팅하는 이유다.

프로모션 코드를 통한 구매 유도

다니엘웰링턴은 인플루언서에게 단지 제품을 협찬하고 끝나는 것이 아니라, 인플루언서 고유의 프로모션 코드를 부여함으로써 구매를 유도한다. 프로모션 코드를 통해 구입 시 인플루언서에게 또다시 혜택을 부여해준다.

이 사진은 필자가 다니엘웰링턴 측으로부터 시계를 협찬받은 후 가이드라인에 맞춰서 사진을 찍고 원하는 문구와 해시태그를 작성해 포스팅했던 실제 콘텐츠다. 이러한 포스팅으로 인해 필자의 사진과 콘텐츠에 관심을 가지던 사람들은 다니엘웰링턴이라는 브랜드를 인지하게 될 것이다. 한 번에 직접적인 구매는 이루어지지 않더라도 또 다른 인플루언서 또는 구매자들의 포스팅을 자연스럽게 접하면서 그들의 브랜드가 노출되는 것이다.

지금 인스타그램에서는 이러한 방식의 인플루언서 협찬을 통한 마케팅이 흔히 이루어지고 있다. 그러나 인플루언서들에게 접촉하는 것이 쉽지만은 않은데, 이러한 문제를 해결해주는 플랫폼이 출시되어 있으며 많은 효과를 보고 있다. 이 플랫폼에 대한 내용은 뒤에서 다시 언급하도록 하겠다.

회사의 브랜딩을 위해 인스타그램에 통할 만한 제품이 있다면 다니엘웰링턴처럼 인플루

▲ 다니엘웰링턴에서 협찬을 받아 가이드라인에 맞게 올린 사진

언서를 섭외해보자. 그들의 팔로워들에게 자연스럽게 제품사진을 노출시켜 브랜드 인지도를 쌓을 것을 적극적으로 추천한다.

먹스타그램의 신흥강자 윙잇

@wingeat

인스타그램에서 가장 통하는 콘텐츠는 패션, 뷰티 콘텐츠다. 그와 더불어 '#먹스타그램' '#맛스타그램'으로 불리는 맛집, 먹거리 콘텐츠가 유용하다. '#먹스타그램' 해시태그는 우리나라 상위 해시태그 1~2위를 다툴 정도로 어마어마한 양의 사진과 동영상이 인스타그램에서 돌아다닌다. '#먹스타그램'이라는 해시태그를 달지 않고 올라간 먹거리 콘텐츠는 상상을 초월할 정도로 많을 것이다.

인스타그램이 마케팅으로서 각광받을 때 필자는 어느 컨설팅 회사 대표님의 추천으로 강의를 시작하게 되었다. 그때 강의를 하면서 많은 수강생들이 실제로 해시태그 검색을 많이 하는지 물어왔다. 필자도 10년 동안 인스타그램을 해오면서 해시태그를 그렇게 많이 검색하지 않았던 것 같다. 그런데 어느 순간부터 여행을 가거나 우리 동네가 아닌 낯선 곳을 가게 되면 네이버보다 인스타그램에서 검색하는 일이 잦아졌다. 이건 비단 필자뿐만이 아니다. 네이버 블로그의 체험단을 통한 홍보성 포스팅이 많아지면서 많은 사람들이 블로그 맛집 정보에 의문을 품기 시작한 것이다.

이렇게 인스타그램에서의 '#먹스타그램'은 맛집을 검색하는 것이 주 목적이었다. 그런데 윙잇 같은 식품회사가 나타나면서 양상이 조금 달라졌다. 그들의 약진이 인스타그램 속에서 먹거리 이커머스(온라인으로 제품을 거래하는 것)가 통할 수 있다는 것을 증명하는 계기가 되었다고 생각한다.

▲ '#먹스타그램'의 최강자 @wingeat 계정과 '#윙잇' 해시태그로 올라온 게시물

○ 인플루언서 활용과 팔로워와의 소통

윙잇은 2015년 설립한 회사이며 완조리 제품이 아닌 반조리 제품을 판매하는 회사다. 윙잇은 런칭 반년 만에 손익분기점을 넘기고 월 거래액 3억 7천만 원을 기록했다(2020년 기준 13억 원). 윙잇의 대표 상품인 떡, 순대볶음, 곱창 등의 반조리 식품 가격이 평균 1만~1만 5천 원 정도임을 감안하면 엄청난 매출이다.

그렇다면 엄청난 성장과 매출을 보이고 있는 윙잇의 성공비결은 무엇일까? 바로 인스타그램이다. 윙잇의 인스타그램 인플루언서 파트너는 300~400명인 것으로 알려져 있다. 그들의 팔로워를 최소 1만 명 이상으로 계산하면 윙잇과 이어진 이용자는 전부 300만~400만 명에 달한다. 윙잇에 입점하는 식품업체의 신제품을 윙윗의 인플루언서에게 보내주고 그들의 사진과 영상으로 만들어진 콘텐츠를 통해 수많은 팔로워들에게 자연스럽게 홍보하는 전략이다. 또한 고객과의 소통을 위해 먹방 라이브 방송도 자주 하는 편인데, 1시간 진행하는 동안 300만 원의 매출을 올린 적도 있다고 한다.

윙잇은 인스타그램이 주 소통창구이자 마케팅 채널이다 보니 인스타그램 후기에도 많은 공을 들이고 있다. 실제로 인스타그램 후기를 작성할 경우 2천 포인트를 제공해준다. 그렇게 모인 콘텐츠는 다시 윙잇의 공식계정에서 재사용된다.

많은 기업들이 모든 콘텐츠를 직접 제작하려고만 하다 보니 콘텐츠 제작에 어려움을 느끼기도 하고 다양한 콘셉트의 콘텐츠가 만들어지지 않는 경우가 많다. 고객의 후기로 만들어진 살아 있는 콘텐츠를 재활용한다면 더욱더 다양한 콘텐츠를 만들어낼 수 있다. 인스타그램은 SNS 플랫폼이다. 일방적인 마케팅 채널이 아닌 고객과의 쌍방향 소통 창구인 것이다. 고객들과 진심으로 소통하고 그들이 원하는 것을 찾아낸다면 그 분야에서만큼은 많은 팔로워를 갖게 될 것이고 팔로워가 곧 팬이되고 고객이 될 것이다.

1일 한복대여점의
인스타그램 활용기

@onedayhanbok

앞에서 소개한 한복 브랜드 하플리는 '하플리=이지언 대표'라는 공식으로 하나의 페르소나(타인에게 파악되는 자아, 마케팅에서는 소비자층을 대표하는 가상인물을 뜻한다.)를 형성해 인스타그램을 운영하고 있다. 인스타그램에서 가장 효과가 좋은 운영방식임에는 틀림이 없다. 그러나 소상공인의 대표나 브랜드를 운영하는 직원이 인스타그램에 익숙한 20~30대가 아니거나, 대표 본인이 자신을 앞세우는 데 부담을 느낀다면 하플리와 같은 방식으로 운영하기가 쉽지만은 않다. 그렇다면 원데이한복 같은 작은 소상공인은 어떻게 인스타그램을 활용하고 있을까?

○ 고객 리뷰를 리그램하기

　원데이한복 홈페이지에 들어가면 메인화면 맨 위쪽 배너 3개를 제외하고는 바로 인스타그램 계정과 링크, 콘텐츠가 보인다. 또한 원데이한복 오프라인 매장 입구에 있는 간판에도 인스타그램 아이디가 적혀 있다. 이렇게 오프라인 매장을 운영하는 업체도 자사 브랜드의 SNS 계정을 활용할 수 있다. 원데이한복의 인스타그램 계정은 공식계정 1만

◀ 원데이한복 홈페이지

◀ 인스타그램을 홍보하는 오프라인 매장 간판

▲ @onedayhanbok 계정과 '#onedayhanbok' '#원데이한복' 해시태그로 올라온 게시물

3천 팔로워+일본계정 2천 팔로워, '#onedayhanbok' 약 5천 개의 게시물, '#원데이한복' 2,400개의 게시물이 업로드되어 있을 만큼 활성화되어 있다.

앞서 말한 하플리의 콘텐츠들은 대부분 하플리의 대표 또는 모델 사진을 인스타그램에 업로드하고 있다. 그와 반대로 원데이한복은 대여점답게 모델을 따로 활용하지 않으며 고객들이 본인의 계정에 올리는 인스타그램 콘텐츠를 리그램으로 재활용하고 있다. 인스타그램 자체에서는 리그램이 허용되지 않고 별도의 앱을 통해서 가능하지만, 스토리에 공유할 수 있다.

모든 SNS 플랫폼이 마찬가지겠지만 콘텐츠를 생산하는 것에 대한 부담감으로 시작도 하지 못하거나 운영해나가기를 겁내는 경우가 많다. 그러나 고객이 직접 만들어 올린 콘텐츠를 공식계정에 리그램하면 콘텐츠가 풍부해질 뿐만 아니라 고객과의 소통도 유리해진다.

인스타그램은 소상공인도 다른 채널에 비해 적은 노력으로 효과를 볼 수 있고 팬을 만들 수도 있는 채널 중 하나다. 오프라인 매장을 운영하는 업체라면 원데이한복처럼 고객의 리뷰 콘텐츠를 적극 활용할 것을 추천한다.

인스타그램을 고객 관리에 활용하는 방법

우연히 듣게 된 어느 소셜미디어 마케팅 강의에서 "인스타그램은 소통의 창구가 아니다."라는 말을 들은 적이 있다. 다른 SNS 마케팅에 대해서는 잘 알지 몰라도 인스타그램에 대해서는 잘 모르는 강사라는 생각이 들었다.

소셜미디어의 장점 중 하나는 최소의 비용으로 최대의 효과를 낼 수 있다는 것이다. 우리는 수많은 광고가 넘쳐나는 '광고 홍수시대'에 살고 있다. 소셜미디어를 이용해 광고인 듯 광고 아닌 광고를 함으로써 아주 작은 기업부터 소상공인, 자영업자, 개인까지 대기업과 붙어볼 수 있는 기회가 생겨났다.

물론 필자는 대기업 SNS 계정에 사진을 제공한 경험이 있어 기업이

SNS 계정에 얼마나 많은 비용과 시간을 들이는지 알고 있다. 어쩌면 작디작은 우리와 대기업은 SNS에서도 금수저와 흙수저처럼 평등하지 않을 수도 있다. 그럼에도 불구하고 TV 광고는 꿈도 못 꾸지만 인스타그램이나 페이스북 같은 SNS에서는 그래도 덤벼볼 만한 희망이 있다.

◯ 콘텐츠와 소통의 중요성

SNS 마케팅에 도전하기 위해서는 콘텐츠가 가장 중요하다고 수도 없이 설명했다. 어느 마케팅 전문가, 강사, 실전 고수든 '기-승-전-콘텐츠'라고 확신에 차서 말할 것이다. 그럼 그다음으로 중요한 것은 무엇일까? 바로 소통이다. SNS의 최대 장점은 잠재고객 또는 단골고객을 친구로 만들고 더 나아가 팬으로 만들 수 있다는 것이다.

어린 시절 새 학기가 되었을 때 새 친구를 사귀려면 어떻게 해야 했던가. 어색한 첫 만남을 지나 조심스럽지만 조금씩 이야기를 나눈다. 서로의 관심사를 파악하기 위해 노력하고 관심사가 맞다면 더욱더 금방 친해질 수 있다. 인스타그램에서도 우리는 잠재고객을 친구로 만들어야 한다. 또 우리의 제품과 서비스를 좋아하는 팬으로 만들어야 한다.

TV, 라디오 등 매스미디어는 일방적으로 콘텐츠를 전달하는 방식이었지만 이제는 쌍방향 미디어가 대세다. 우리의 콘텐츠를 본 고객들의 반응을 바로 알 수 있으며 그 반응에 대응할 수도 있다. 또한 본계정의 맞댓글이 콘텐츠의 질을 높여주는 방향으로 페이스북과 인스타그램의 로직이 바뀐 것을 확인할 수 있다. 필자는 이를 '소통지수'라고 부른다.

소통지수를 올리는 방법은 필자가 포함된 인스타그램 연구소(insta lab)의 '인스타그램 실험실' 결과를 부록에서 공개하도록 하겠다.

○ 인스타그램으로 고객 관계 관리(CRM)

그렇다면 인스타그램을 통한 고객 관계 관리(CRM)에는 어떤 것이 있을까? 여행, 항공, 호텔, 통신 등 전문서비스 업종이 아니더라도 최근 모든 업종에서 고객서비스는 회사를 존재하게 하는 중요한 가치다.

예전의 CRM은 고객서비스센터 또는 홈페이지의 고객게시판 정도가 전부였다. 제품 또는 서비스에 불만이 있다면 고객서비스센터에 전화하거나 고객게시판에 문의나 항의의 글을 올려야 했다. 하지만 최근엔 모든 사람이 증거 콘텐츠(사진 또는 동영상)를 만들어 주변인에게 전파할 수 있는 1인 미디어 시대다. 거기서 끝나면 다행이겠지만 인터넷 미디어 업체는 논란거리가 있을 만한 콘텐츠를 다시 한번 터뜨리며 뉴스거리를 만들어낸다.

최근 잇따라 터지는 대기업 오너들의 갑질 논란은 예전 같은 미디어 생태계였다면 조용히 묻혔을지도 모른다. 그런데 지금은 피해자의 녹음파일, 사진, 동영상 등의 증거가 콘텐츠로 만들어져 개인 SNS에 게재되고 인터넷에서 퍼진다. 그 논란은 다시 뉴스, 신문, 언론 등을 통해 전 국민에게 알려진다. 정말 사소한 고객의 불만이라 할지라도 대응하지 않고 무시하는 순간 그 고객의 주변인 그리고 SNS에 퍼지는 일은 순식간일지도 모른다.

필자는 앞에서 말했듯이 특급호텔에서 11년간 근무했다. 고객의 작은 불만이라도 직원은 그 회사를 대표해서 고객의 반응에 적극 대응해야 더 큰 컴플레인을 미연에 방지할 수 있다. 통상적으로 불만고객 1명은 예비고객 20명에게 영향을 미친다고 한다. 하지만 클레임을 표출한 고객이 만족스러운 해결책과 결과를 얻는다면 충성고객이 될 확률이 더욱 높아진다.

SNS는 곧 우리 회사의 직원이 될 수도 있고 회사의 고객센터가 될 수도 있다. 그럼에도 불구하고 SNS가 CRM의 역할을 할 수 있다는 것을 놓치는 경우가 많다. SNS를 이용한 CRM의 실제 활용에 대해서 필자의 경험을 이야기해보겠다.

필자는 몇 년 전 제주도로 가족여행을 간 적이 있다. 필자가 다녔던 호텔과 같은 계열사인 한화리조트를 이용했다. 비가 많이 내리는 저녁이라 리조트 내에서 식사를 해결하고자 리조트에서 운영하는 고깃집에 가기로 했다. 제주도답게 흑돼지 바비큐가 메인메뉴다. 리조트 내에 있는 식당이다 보니 상당수가 가족 단위의 고객들이었으며, 그중 절반 이상이 어린아이를 동반한 고객이었다. 우리 가족 또한 유치원생 아이 둘이 있었다. 그런데 고기 이외에 아이들이 먹을 만한 반찬(된장국, 미역국, 김 정도의 반찬)이 없어서 직원에게 문의하니 따로 준비된 메뉴가 없다는 대답을 들었다.

결국 비를 헤치고 편의점까지 가서 즉석 미역국과 김을 사와 해결했다. 우리는 이에 대한 불만이 생겼지만 직원에게 따로 불만을 제기하진 않았다. 그 대신에 인스타그램에 사진과 함께 약간의 불만을 올리면서 한화리조트의 인스타그램 계정을 태그했다.

필자가 다녔던 회사와 같은 계열사여서 직접 컴플레인을 제기하지 않고 조금은 애정 어린 시선으로 문제제기를 하고 싶었고, 실제로 SNS에서 어떻게 대응하는지 보고 싶은 마음도 있었다. 그런데 얼마 후 한화리조트 공식계정에 답글이 달렸다. "불편을 끼쳐드려 죄송하며 고객님께서 말씀하신 대로 어린이 메뉴에 신경 쓸 수 있도록 한화리조트 제주지점에 확인하고 조치하겠다."라는 답글이 달린 것이다.

추후에 어떤 조치가 취해졌는지 또는 다른 지점까지 확대해서 메뉴를 점검하고 개선했는지 체크해보지는 않았다. 하지만 SNS에서 고객의 작은 문제제기조차 허투루 듣지 않고 고객만족을 위해 노력하는 회사를 고객은 어떻게 생각할까? 필자가 한화호텔 직원이 아닌 실제 고객이었다면 한화리조트의 이러한 대응에 어떤 마음이 들었을까?

호텔 및 리조트 등의 서비스 업종은 고객만족 자체가 주된 목표다. 고객의 작은 불만이라도 바로 응대하는 것이 고객관리의 기본이다. 한화그룹은 한화데이즈라는 이름으로 블로그, 페이스북, 인스타그램 등 SNS 채널을 잘 관리하기로 유명한 회사다. 단지 콘텐츠만 잘 만들어 공유하는 회사가 아님을 다시 한번 느낄 수 있는 경험이었다.

수많은 고객들을 상대로 하는 대기업에서조차 SNS를 고객과의 관계 형성에 중요한 도구로 생각하고 있다. 가끔 인스타그램 계정 중에 "댓글이나 DM으로 문의하지 마세요."라고 프로필에 당당하게 적어놓은 업체가 보인다. 고객과의 관계 관리에 있어서 넘어오지 말라고 선을 긋고 있는 건 아닌지 되묻고 싶다.

뜨는 상권을 알려면
인스타그램을 보라

누구나 생각하는 자판기의 모습은 다음과 같다. 인스타그램에서 '#자판기'를 검색하면 어떤 결과가 나올까? 회색벽에 핑크색 자판기 사진이 차지하고 있다. 5만 7천 개가 넘는 사진이 공유되고 있는데 그중에서 우리가 흔히 아는 자판기의 모습은 오히려 찾기가 쉽지 않다. 해당 사진은 인스타그램에서 '망리단길'로

뜨고 있는 망원동에 위치한 자판기(ZAPANGI) 카페의 모습이다. 카페라곤 하는데 간판도 없고 문도 없다. 그런데 사람들이 저 자판기를 열고 들어간다. 그렇다. 이 카페는 핑크색의 예쁜 자판기를 문으로 만들었다.

이 카페는 사진 찍고 싶게 하는 핑크색 자판기 모양의 문 하나로 망리단길의 핫플레이스가 되었다. 필자 또한 망원동에 갔다가 지나간 적이 있는데 많은 사람들이 사진을 찍고자 줄을 서 있었다. 그 모습을 보고 인스타그램에 딱 맞는 콘셉트라고 생각했다. 예상을 깨는 반전과 찍고 싶게끔 만드는 전략은 사진을 공유하는 인스타그램에선 더없이 잘 먹히는 좋은 콘텐츠다.

Q 인스타그램으로 '핫'해진 '~리단길'

이태원 경리단길을 시작으로 성동구 성수동, 종로구 익선동, 마포구 연남동·망원동 등은 인스타그램으로 소위 '뜬' 동네다. 이 지역들 모두 다 전통적인 중심상권에선 벗어난 지역이다. 지하철역에서 가깝지도 않고 대로변도 아닌 골목상권이 인스타그램 등 SNS에서 입소문을 타고 젊은 사람들을 모으고 있다.

물론 이러한 현상이 젠트리피케이션(낙후된 구도심이 번성해 임대료가 오르고 원주민이 내몰리는 현상)이라는 문제를 낳기도 한다. 망원동의 임대료는 1년 새 21%나 상승했고, 지역 주민들은 포털사이트에 망리단길이라는 이름을 삭제해줄 것을 요청하기도 했다. 종로의 익선동 또한 한옥보전구역이라는 독특한 겉모습에 젊은 사람들의 감각이 더해져 아기자기한 카페와 수제맥줏집, 레스토랑 등이 많이 생겼다. 그러나 유명세를 타면서 크고 작은 내부 갈등을 겪고 있다.

인기리에 방영한 TV 프로그램 〈알쓸신잡〉에 나왔던 경주 또한 사정은 비슷하다. 경북 경주시 황남동 포석로에 위치한 일명 '황리단길(황남동+경리단길)'은 경주에서 핫플레이스로 통한다. 인스타그램에서 '#황리단길'을 검색하면 69만 4천여 개의 게시물이 검색된다. 〈알쓸신잡〉에 나왔던 한 점포 운영자의 인터뷰에 따르면 방송 이후 임대료가 심하면 10배 이상 올랐다고 한다.

인스타그램이 뜨면서 오프라인 기반의 레스토랑 및 카페들도 인스타그램 마케팅에 열을 올리고 있다. 그에 반응해 사진을 찍어 공유하는 유저들이 몰리면서 조금은 씁쓸한 현상도 생겨나고 있다. 이렇듯 인스타그램을 통해서 핫해진 장소들이 골목상권으로 사람들을 끌어들이기도 하지만, 너무 몰려드는 탓에 임대료가 치솟고 주민들이 떠나는 젠트리피케이션 현상까지 나타나게 되었다. "뜨는 상권을 알려면 인스타그램을 보라."라는 말이 나오는 이유다.

EASY TO FOLLOW INSTAGRAM MARKETING

PART 2

인스타그램
쉽게
시작하기

인스타그램이란
무엇인가?

포털사이트에 인스타그램(Instagram)을 검색하면, 인스타그램은 '인스턴트(instant)'와 '텔레그램(telegram)'이 더해진 단어라고 나온다. "세상의 순간들을 포착하고 공유한다(capturing and sharing the world's moments)"라는 슬로건을 내걸고 2010년 출시되었다. 창업자는 스탠포드대학교 선후배 사이인 케빈 시스트롬과 마이크 크리거다. 처음엔 인스타그램의 뜻을 듣고 "아, 그렇구나~" 하던 시절이 있었지만, 인스타그램이 마케팅 도구로 점차 주목받으면서 이제는 누구나 알 만한 내용이 되어버린 지 오래다. 인스타그램이 많은 사랑을 받고 그걸 넘어서서 마케팅 도구로까지 각광받게 된 이유는 무엇일까? 사람들은 인스타그램을 도대체 왜 열심히 하는 것일까?

Q 사진으로 추억을 남기고 싶은 마음

가장 큰 이유는 아마도 앨범으로서의 기능이 있기 때문이다. 사람들은 일상을 기록으로 남기고 싶어 한다. 그래서 글을 쓰고 사진을 찍고 동영상도 찍는다. 그렇다면 추억을 남기기에 가장 좋은 도구는 무엇일까? 여러 가지가 있겠지만 역시 사진만 한 게 없을 것이다. 어떤 사진인화 서비스의 광고문구가 "뽑지 않으면 추억도 없다!"였다. 그 말은 바로 '찍지 않으면 추억도 없다'라는 말과 상통한다.

지금처럼 모든 사람들의 손에 카메라(스마트폰)가 들려 있기 전에도 평범한 일상, 특별한 날의 기억, 여행에서의 추억 등을 사진으로 남겨왔다. 그리고 그 사진을 주변 사람들과 공유하곤 했다. 물론 예전에는 인화해서 작은 미니앨범으로 만들어 집에 손님이 찾아오면 같이 열어보는 식이었다.

우리나라에선 싸이월드 같은 SNS 플랫폼이 나오면서 앨범의 역할이 대체되었다. 실제로 싸이월드 미니홈피에는 앨범 메뉴가 있었다. 그때만 해도 모든 사람들이 디지털카메라를 가지고 있지는 않았지만, 그래도 싸이월드를 즐겨 하는(필자를 포함한) 젊은 친구들은 작은 똑딱이 카메라 정도는 가지고 있었다. 특별한 날 또는 여행의 추억을 간직하기 위해 그 카메라로 사진을 찍어 인화하기도 하고, 며칠 내로 싸이월드에 업로드해서 일촌(싸이월드에서의 맞팔) 친구들과 추억을 공유하기도 했다.

이처럼 어느 시대에나 사람들은 사진으로 추억을 간직하고 공유하고 싶어 했다. 그런데 스티브 잡스가 스마트폰을 세상에 내놓은 이후로는 많은 것들이 변했다. 그중에서 가장 큰 변화는 '스마트폰＝카메라(스마트폰의 상향평준화＝모든 유저의 포토그래퍼화)'라고 해도 과언이 아니다. 국민 모두가 스마트폰을 한 대씩 손에 쥐고 있는 시대가 도래하면서, 추억을 쉽게 저장하고 공유할 수 있는 인스타그램이 인기를 끌게 된 것이다.

Q 인스타그램이 각광받는 이유

그렇다면 그 이전에 사진을 공유할 수 있는 SNS는 없었을까? 다른 채널에서도 사진을 업로드하고 공유하는 기능은 거의 탑재되어 있는데 왜 인스타그램이라는 플랫폼만 전 세계인을 사로잡을 수 있었을까? 인스타그램 이전에도 사진을 공유하는 SNS는 수없이 많이 있었지만 과연 무엇이 달랐을까?

1. 간단하고 심플한 UI

인스타그램은 초창기부터 오로지 사진을 찍거나 찍은 사진을 필터로 편집하고 공유하기 편하게끔 노력해왔다. 2012년 페이스북에 인수된 이후로 수많은 기능이 생겨나고는 있지만 큰 틀은 변함이 없다. 인스타그램을 초창기부터 사용한 유저로서 페이스북의 수많은 기능이 때로는 반갑지 않은데, 정말 다행히도 인스타그램의 심플한 인터페이스와 감성을 아직 유지하고 있다는 데 감사할 따름이다.

2. 이미지 전성시대

인스타그램은 처음부터 지금까지 사진을 찍어 편집하고 공유하기 쉽게 설계되어 있다. 그렇기 때문에 콘텐츠를 생산하기가 예전에 비해 훨씬 쉬워졌다. 예전에는 전문가용 카메라로 사진을 열심히 찍고 좋은 글을 길게 써야만 블로그 이웃이 생겼다. 그때와 달리 꼭 멋진 글이 없더라도 스마트폰으로 쉽게 찍고 간단히 편집한 느낌 있는 이미지만으로 인스타그램에서 많은 사람들과 공유하고 소통할 수 있게 되었다.

3. 관심사 기반 그리고 확장성

인스타그램 역시 연락처, 페이스북 친구 등을 팔로우할 수 있는 기능이 있다. 그러나 기본적으로는 관심사 기반으로 해시태그를 분류하고 검색하며 관계를 형성하는 SNS다. 카카오스토리나 페이스북처럼 꼭 현실에서 친분이나 관계가 없더라도 관심사를 통해 친구가 될 수 있는 구조다. 그 확장성 또한 무궁무진하다.

사진에 다는 해시태그 또는 검색하고자 하는 해시태그를 통해 그 유저의 성향을 알 수 있고, 원하는 사람과 인스타그램 속에서 관계를 맺을 수 있다. 의무적으로 맞팔을 해야만 관계가 유지되는 것이 아니라 '미디어-구독자' 또는 '셀럽-팬'으로 한 방향 관계도 형성 가능하다. 혹자는 소통 기능이 부족한 게 아니냐고 지적할 수도 있다. 하지만 인스타그램 활동을 열심히 하진 않아도, 즉 사진이나 동영상을 많이 포스팅하지 않고 자기가 좋아하는 유저의 사진만 '눈팅'하는 유저들도 꽤 있다. 이 또한 인스타그램의 한 특징이기도 하다.

다른 이를 몰래 훔쳐보고자 하는 인간의 욕망은 오래전부터 존재해왔다. 아프리카TV 등 인터넷방송 BJ들의 방송이나 인스타그램에서 연예인 또는 준셀럽(유명한 일반인)의 일상을 훔쳐보는 것이 일반화되고 '디지털 관음증'이라는 말도 생겼다. 이러한 현상 또한 인스타그램의 인기를 높인 이유 중 하나다. 인스타그램의 인기는 국내가 해외에 비해 조금 늦은 편이었는데, 국내의 인기를 견인한 것도 연예인들의 인스타그램 사용이 일반인들에게 퍼지면서부터라 해도 과언이 아니다.

인스타그램 계정에도 종류가 있다

인스타그램이 론칭하고 운영한 지 10년 차에 접어들면서 수많은 종류의 계정들이 생겨났다. 기존에는 개인의 일상을 공유하던 것이 기본이었는데, 채널 자체가 큰 관심을 받다 보니 브랜드의 공식계정들도 많이 만들어지고 있다.

그렇다면 이제부터 인스타그램 계정의 종류에는 어떤 것들이 있는지 살펴보도록 하겠다. 인스타그램에는 개인계정만 있는 게 아니다. 개인이지만 콘셉트가 다른 별도의 계정을 만들 수도 있고, 비즈니스를 위한 계정도 있다. 본인이 어떤 계정으로 운영할지 선택하면 계정을 운영하는 데 도움이 될 것이다.

🔍 개인계정

인스타그램에서 가장 많은 형태가 개인계정이다. 인스타그램은 개인의 일상을 공유하는 채널로 시작했고 관심사 기반으로 관계를 맺는다. 개인적인 일상, 일, 취미 등을 친구, 지인 또는 관심사가 맞는 유저들과 공유하는 것이 가장 일반적인 방법이다.

다만 개인계정에서 두각을 나타내기 위해선 본인의 인지도가 원래 높거나 퍼스널 브랜딩이 되어 있는 경우가 유리하다. 사진과 영상 등의 콘텐츠를 공유하는 채널이다 보니 초반에는 사진을 잘 찍는 유저들이 유명세를 탔다. 최근에는 외모가 뛰어나 셀럽 느낌이 나는 개인들의 성장세가 가장 뚜렷하다.

🔍 콘셉트계정

2018년경 한 디바이스에서 여러 계정(최대 5개) 동시 로그인이 가능해지면서 서브계정을 만드는 경우가 많아지게 되었다. 그래서 본인이 좋아하는 주제의 콘텐츠만을 올리는 콘셉트계정도 많아졌다. 예를 들면 '#먹스타그램' '#운동스타그램' '#그림스타그램' '#공부스타그램' '#글스타그램' 같은 주제들이다. 이 외에도 자기가 좋아하는 주제를 찾다 보면 의외로 덕후 기질의 콘텐츠만 올리는 계정도 많다는 것을 알 수 있다. '#메모스타그램' '#다이어리덕후' '#구체관절인형' 등의 독특한 주제도 꽤 많다.

보통 개인계정은 정말 친한 사람과의 소통 위주로만 사용한다. 반면 콘셉트계정에서는 자신을 숨기고 좋아하는 주제로만 업로드하며 관심사가 같은 유저들과 소통할 수 있다. 개인계정의 경우 일반인은 이런저런 일상을 공유하다 보니 피드 정리가 잘 안 되기도 하고 주제가 중구난방이어서 성장에 한계를 보이는 편이다. 그러나 콘셉트계정은 주제가 맞으면 서로 맞팔을 잘 해주기 때문에 팔로워를 수월하게 늘릴 수 있다.

'#먹스타맞팔' '#먹팔' '#글스타맞팔' '#운동맞팔' 등 주제에 한정된 맞팔 해시태그도 많이 사용되고 있다. 그러니 주제가 맞는 계정을 찾아다니면서 맞팔을 하고 소통하면 초반에 성장하기 유리하다. 팔로우는 최대 7,500명까지 가능하니 누구든 1년 정도만 노력하면 10K(1만) 팔로워를 만들 수도 있다.

최근에 인기를 얻은 유산슬(유재석), 다비이모(김신영), 싹쓰리 등의 '부캐(부캐릭터)'처럼 본계정이 아닌 서브계정을 자기만의 취향으로 운영해보길 바란다. 이러한 부캐는 '멀티 페르소나'라고도 불리는데, 멀티 페르소나란 상황에 맞게 가면을 바꾸듯 자신의 정체성을 표출하는 것을 뜻한다. 부캐를 찾기 위해 다음과 같은 질문을 스스로에게 해볼 필요가 있다.

- 나는 무엇을 좋아하는가?
- 나는 어떤 일을 많이 하는가?
- 나는 어떤 사진을 많이 찍는가?
- 누구와 소통할 것인가?

○ 브랜드 공식계정

인스타그램이 뜨면서 대다수의 비즈니스 브랜드가 공식계정을 만들고 운영을 시작한다. 인지도 있는 브랜드라면 진입이 쉽겠지만, 신상 브랜드 또는 인지도가 없는 브랜드라면 진입이 사실상 쉽지 않다. 브랜드 공식계정을 운영해야 한다면 인스타그램에서 잘 통하는 콘텐츠로 접근하거나 뒤에 나오는 두 가지 방법으로 새롭게 접근하는 것도 좋을 듯하다.

○ 브랜드 서브계정

이름은 브랜드 서브계정이라고 지었지만 사실은 개인계정(인플루언서)의 한 종류라고 볼 수 있다. 브랜드의 공식계정은 진입이 어렵기 때문에 그 브랜드를 가장 잘 알고 브랜드와 페르소나를 동일시할 수 있는 대표, 직원, 모델 등의 계정을 활용하는 방법이다.

대표, 직원, 모델 등이 먼저 우리 브랜드가 속한 시장에서 인플루언서가 된 후 자연스럽게 공식계정을 등장시키고 브랜딩을 해가는 방법이다. 이 서브계정이 활성화될 경우 공식계정이 함께 성장하기도 하고 서브계정 자체를 공식계정으로 변경하는 경우도 많다. 대표적인 예로 하플리, 서울토이, 도담비, 906스튜디오를 들 수 있다.

서울토이는 유튜브에선 어린아이를 대상으로 하기에 반응이 좋았지만 인스타그램에서는 부모를 상대로 운영하다 보니 장난감 콘텐츠에 매력을 느끼지 못해 팔로워 상승이 더뎠다. 계정을 성장시키기 위해선

▲ 서울토이 공식계정과 대표 및 직원의 계정

▲ 도담비 공식계정과 직원 도대리 계정

유튜브와 다른 전략으로 접근해야 했다. 그래서 서울토이 대표와 직원이 고객군 그룹에서 인플루언서가 되기로 마음먹고, 아이 아빠와 장난감회사 대표 및 직원이라는 친근한 캐릭터로 다가갔다. 그랬더니 팔로워도 상승하고 직접 공구도 진행할 수 있게 되었다.

　　어린이 가려움증 완화 제품을 판매 중인 도담비 역시 공식계정이 있긴 하지만, 직원인 '도대리(@dodairi)' 계정의 반응이 훨씬 좋아서 오히려 직원 계정의 콘텐츠를 더 신경 쓰는 듯 보인다.

Q 커뮤니티 계정

　　페이스북 페이지 느낌의 인스타그램 계정으로 큐레이션 계정이라고 하기도 한다. 유저들이 좋아하고 인스타그램에서 잘 통하는 콘텐츠인 여행, 맛집, 데이트코스 등의 콘텐츠를 공유하는 계정을 말한다. 필자가 운영하는 @seoul_korea나 인테리어 콘텐츠를 공유하는 @withtable처럼 인스타그램부터 시작하는 경우도 있지만, 최근에는 페이스북 페이지를 운영하던 업체들의 유입이 많다. 수많은 지역 맛집 계정들이 대부분 유입된 형태라고 볼 수 있다.

　　여행 관련 스타트업들도 이런 방식을 많이 활용한다. 유디니, 클룩, 마이리얼트립, 여기어때, 카플랫 트래블(렌터카 업체) 등이 있다. 최근에는 정부기관, 지자체 등의 계정도 이런 방식을 선호한다. 관광공사(@kto9suk9suk, travelgram_korea) 외 각 시도 지차제 계정이 있다.

　　커뮤니티 계정은 처음부터 커뮤니티처럼 운영하거나 콘셉트계정으

▲ 커뮤니티 형태로 운영하는 @withtable과 @eudiny_insta 계정

로 운영하다가, 1만 팔로워 이상이 되면 자연스럽게 브랜드 공식계정으로 전환해볼 수 있다. 커뮤니티 계정으로 좋은 콘텐츠를 계속 제공하면서 잠재고객을 확보한 후에, 브랜드의 제품이나 서비스를 노출하면서 브랜딩 또는 비즈니스를 하는 것이다. 상업적으로 느껴지지 않게 접근할 수 있는 방법이니 잘 활용해보길 바란다.

인스타그램 알고리즘 이해하기

인스타그램은 어떠한 조건과 방식으로 팔로워 또는 팔로워가 아닌 사람에게 게시물이 노출될까? 알고리즘(algorithm)은 문제를 해결하기 위한 명령들로 구성된 일련의 순서가 있는 절차다. 많은 사람들이 궁금해하는 것 중에 하나가 바로 인스타그램 알고리즘일 것이다. 네이버의 알고리즘, 구글의 알고리즘, 페이스북과 인스타그램의 알고리즘은 알고 싶어도 해당 기업의 핵심직원이 아니고서는 정확히 알 수 없다. 여러 가지 조건으로 추측할 뿐이다. 물론 알고리즘을 전혀 고려하지 않고 접근하는 것보다는 조금이라도 염두에 두고 운영한다면 더 좋은 효과와 결과를 이루어낼 수 있다. 그렇다면 인스타그램의 알고리즘은 어떻게 이루어져 있을까?

Q 시간순으로 보여주지 않는 피드의 한계

인스타그램을 오랫동안 해온 필자의 기억으로 알고리즘이 가장 크게 변화한 시기는 2016년이었다. 인스타그램이 페이스북에 인수된 후 페이스북 알고리즘이 적용되면서 많은 것들이 바뀌었다. 인스타그램을 이전부터 해오던 유저들 사이에서는 이때가 엄청난 혼돈의 시기였다. 인스타그램 유저들은 자신이 팔로우한 계정의 게시물을 시간순으로 자신의 홈 피드에서 볼 수 있었다. 그런데 2016년 어느 날부턴가 인스타그램이 페이스북과 같은 알고리즘을 쓰면서 팔로우했던 계정의 게시물들이 뒤죽박죽이 되어버렸다.

게시물을 올릴 때 시간을 고려하고 올렸던 것인데 남이 올린 게시물이 시간순으로 보이지 않게 되었다. 업로드한 게시물이 내 팔로워들에게 실시간으로 보이지 않게 되자 뭔가 실시간 소통의 재미가 사라졌다. 심지어 같은 유저의 게시물도 최신순으로 정렬되지 않아 유저들은 더 혼란스러워했다.

과연 인스타그램 측은 이런 결과를 예상하고서도 알고리즘 대변화를 진행했을까? 알고리즘을 바꾼 이유는 아마도 이전에 비해 사용자 수가 압도적으로 증가했기 때문일 것이다. 인스타그램은 아이폰 앱으로 시작해 안드로이드 버전을 론칭한 뒤 페이스북에 흡수되었다. 전 세계 유명인 및 셀럽, 브랜드 등이 인스타그램에 뛰어들면서 너무나 유명해져서 실질적으로 사람들이 공유하는 모든 콘텐츠를 보는 것이 물리적으로 어려워졌다.

필자가 실제로 운영하는 계정의 피드를 살펴보았다. 피드의 게시물이 '2시간 전 → 3시간 전 → 2시간 전 → 6분 전 → 3시간 전 → 50분 전 → 2시간 전(팔로잉 해시태그 게시물) → 5시간 전 → 스폰서드 광고'의 순서로 나타났다. 계속 살펴보다 보면 23시간 전과 1일 전 게시물도 나타난다. 또한 필자가 팔로우한 유저의 1일 전 게시물을 확인하고 들어가보면 최신게시물이 뜨지 않고 이전 게시물이 피드에 뜬 것을 확인할 수 있다.

필자는 많은 SNS를 해봤는데 인스타그램 이전에는 한참 트위터를 했다. 초반에는 남들이 쓰는 글이 신기하고 흥미로워서 모든 글을 놓치지 않고 보려고 했던 적이 있다. 그러나 팔로잉 수가 늘어나면서 그게 불가능한 순간이 와버렸다. 인스타그램 역시 초반에 팔로우한 계정이 얼마 되지 않을 때는 상관없지만 팔로잉 수가 1천 명만 넘어가면 모든 유저의 게시물을 하나도 놓치지 않고 보는 게 사실상 어려워진다.

실제로 인스타그램 측의 주장에 의하면 인스타그램 사용자가 게시물을 시간순으로 봤을 때 평균 70%의 게시물을 놓쳤다고 한다. 그러나 이것은 인스타그램 측의 이론적인 주장일 뿐이며 사용자는 여전히 조금은 불편한 게 사실이다. 필자가 팔로우한 계정의 며칠 전 게시물이 먼저 보이는 것은 실시간 소통이라기엔 뭔가 김 빠진다. 친한 '인친'의 며칠 전 여행 소식에 남들보다 늦게 '좋아요'와 댓글을 다는 일이 계속 반복된다면 그들의 친밀도에도 어느 정도 영향을 미치지 않을까 생각해본다.

○ 알아두면 좋은 인스타그램 알고리즘

그렇다면 인스타그램의 알고리즘에는 어떤 것이 있으며 무엇을 신경 써서 업로드해야 할지 살펴보겠다.

1. 포스팅 시간

많은 계정 운영자들이 언제 업로드하는 것이 가장 좋은지 궁금해한다. 사실 인스타그램의 알고리즘대로라면 이런 고민은 쓸데없는 것이다. 그럼에도 불구하고 포스팅 시간은 게시물 노출에 가장 중요한 요소일 것이다. 업로드를 하자마자 '좋아요'와 댓글을 다는 사람들이 여전히 있기 때문이다.

아무리 인스타그램이 최신게시물 순서로 보여주지 않는다고는 해도 몇 주 전, 몇 달 전 게시물이 피드에 보이지는 않는다. 조금 뒤죽박죽이더라도 며칠간의 게시물, 또는 길어야 일주일 내 사진이 보인다. 인스타그램의 주장대로라면 인스타그램 게시물의 수명이 예전보다 길어져서 더 오랜 시간 동안 더 많은 사람들이 내 게시물을 볼 수 있다는 의미이기도 하다. 결국 포스팅은 가급적 자주 해주는 게 좋다.

2. 참여율

흔히 인게이지먼트('좋아요', 댓글, 노출, 도달, 저장, 공유 등)라고 불리는 참여율이 높을수록 많은 사람들이 보고 싶어 하는 콘텐츠라 생각하고 더 많은 사람들에게 노출시켜준다. 그래서 인기게시물이 있는 것이다. 해시태그 또는 위치에 따라 인기게시물이 최신게시물보다 더 많이 노출된다. 다만 이 인기게시물이 예전에는 '좋아요'+댓글+본계정의 맞댓글이 주요 요소였다면, 지금은 유저마다 같은 해시태그라도 인기게시물이 다르게 보이기 때문에 어뷰징(인기게시물로 만들기 위해 콘텐츠를 기계적으로 올리는 등의 작업)을 할 필요까지는 없다.

참여율 높은 게시물을 위해서는 무엇보다도 자신의 게시물을 좋아할 만한 사람들, 잠재고객 및 잠재팔로워가 검색할 만한 해시태그를 잘 선택해서 함께 게시하는 게 중요하다. 해시태그에 대해서는 파트 3에서 더욱 자세하게 다뤄보겠다.

3. 유저의 게시물 체류 시간

인스타그램은 사진이나 동영상 콘텐츠가 가장 중요한 플랫폼이다. 그래서 여러 사진 중 한 장을 고르고 골라서 업로드해야 한다. 이것은 캐러셀(여러 장의 사진)이나 동영상을 올릴 때 썸네일 선택 시 중요한 요소다. 첫 번째 사진은 피드에서 발견되고 유저가 내 게시물을 보러 오게 하는 일종의 겉표지다.

인스타그램에서 정말 유명한 셀럽이나 브랜드가 아니고서는 90% 이상이 인스타그램 알고리즘에 의해 피드에 우연히 노출되어 사람들이 유입된다. 계정 자체를 검색해서 일일이 찾아보는 이는 드물 것이다. 그렇기 때문에 첫 장의 간판 또는 외관 디자인에 끌려 내 게시물을 보러 들어왔다면 조금이라도 더 오래 머물도록 해야 한다.

그 방법은 여러 가지가 있겠지만 슬라이드 게시물이거나, 동영상, 세로 콘텐츠로 몰입감을 주는 방법이 있다. 또 매력적인 글이나 정보성 글도 유용하고, 친구를 태그해서 소환하고 싶은 게시물도 좋다. 친구를 태그하고 댓글에서 서로 대화를 나누는 것만큼 콘텐츠의 인게이지먼트를 올릴 수 있는 좋은 방법이 없다. 그래서 인스타그램에서의 글쓰기 역시 중요한 요소다. 글쓰기의 중요성은 파트 4에서 좀 더 자세하게 다루도록 하겠다.

4. 좋아하는 콘텐츠 유형

인스타그램과 페이스북의 고도화된 알고리즘은 팔로워의 선호도와 유형, 좋아하는 콘텐츠 유형, 저장한 게시물 유형 등 모든 데이터를 분석해 당신에게 비슷한 콘텐츠 위주로 노출시켜준다. 실제로 돋보기 모양의 검색 탭으로 들어가면 수십~수백 개의 콘텐츠가 노출된다. 여기는 본인이 팔로우하고 있지는 않지만 사람들이 좋아하는 콘텐츠의 유형을 분석해 좋아할 만한 (좋아할 수밖에 없는) 콘텐츠를 계속 보여준다.

사진이나 영상을 들여다보면 '인스타그램 추천, 좋아하는 게시물 기반, 팔로우한 계정과 유사한 계정, 참여한 게시물과 유사한 콘텐츠, 조회한 동영상 기반, 저장한 게시물 기반'이라고 콘텐츠 아래 날짜, 시간 옆에 적혀 있다. 동영상이나 IGTV 역시 '회원님이 좋아할 만한 동영상'이라고 나타난다. 또한 최근에는 위쪽에 추천 이외에도 IGTV, Shop, 여행, 건축, 장식, 자연, 댄스, 예술, 동물, 건축, 스포츠, 만화 등 카테고리도 나누어져 있다. 인스타그램이 관심사 기반 SNS임을 여실히 보여주는 것이라 할 수 있겠다.

5. 친밀도

인스타그램이 알고리즘을 시간순이 아닌 인게이지먼트에 따른 알고리즘을 적용한 가장 큰 이유가 친밀도라고 생각한다. 인스타그램에 따르면 피드를 시간순으로 계속 보여줬더니 전체 게시물 가운데 무려 70%의 게시물을, 친구들이 올린 게시물 가운데 50%를 보지 못했다고 한다. 친밀도 중심의 알고리즘으로 업데이트한 이후에는 친구들이 올린 게시물 가운데 90% 이상을 볼 수 있게 되었으며, 인스타그램 내에서의 활동 시간이 늘어났다고 한다. 물론 이는 유저의 의견이 아닌 인스타그램 측의 공식 입장일 뿐이지만 말이다.

인스타그램에서 게시물이 나타나는 순서를 결정하는 주요 기준으로는 관심사, 관계, 포스팅 시간 등이 있다. 유저의 과거 행동('좋아요', 댓글 등을 단 행위)을 분석해서 유저가 좋아할 만한 콘텐츠를 가장 먼저 보여주며 인스타그램이 보기에 관계가 가까운 유저의 콘텐츠를 우선적으로 보여준다. 인스타그램은 가장 친한 사람들, 가장 좋아하는 브랜드 계정의 콘텐츠를 다른 것에 비해 더 많이 보여주고 더 많이 소통하기를 원한다. 그래야 사용자들이 광고처럼 피로를 느낄 만한 콘텐츠에 노출되지 않고 즐겁게 이용할 수 있기 때문이다.

이 내용은 지금 당장 실천해봐도 알 수 있다. 수십만 명의 팔로워를 가지고 있는 유명한 셀럽 계정보다 100명도 되지 않는 계정에 '좋아요' 및 댓글을 달고 소통을 해보자. 그다음부터 그 계정의 게시물이 더 자주 피드에 뜨는 것을 곧바로 느낄 수 있다. 내 계정의 콘텐츠 역시 다른 유저들에게도 비슷한 알고리즘으로 보인다. 따라서 '좋아요'를 누를 만한 좋은 사진, 흥미로운 동영상, 스토리가 있는 게시물, 댓글을 달게끔 하는 글 등을 올려 내 콘텐츠의 참여율을 높여야 한다.

자신만의 콘셉트를 정하고
페르소나 정립하기

인스타그램을 기업의 브랜딩 또는 비즈니스 목적으로 활용하고자 할 때 제일 고민되는 것은 기업의 특성을 나타내는 콘텐츠일 것이다. 개인적으로 활용하더라도 특별한 인플루언서가 되고 싶다면 콘셉트에 대해 한 번쯤 고민해볼 필요가 있다. 특정한 콘셉트와 이미지로 통일된 콘텐츠를 만들어서 우리만의 브랜딩을 하는 것은 매우 중요하다. 더군다나 비주얼로 승부하는 인스타그램에서는 콘셉트야 말로 계정의 발전 가능성을 가늠하는 척도다.

🔍 페르소나란 무엇인가?

　브랜드가 고객에게 어떤 가면으로 보일지 제품의 특성, 브랜드의 가치에 따른 이미지를 고객들에게 효과적으로 보여줘야 하며, 우리 브랜드의 고객을 정의하고 분석해야 한다. 마케팅에서 가장 중요한 것은 고객이다. 주요 고객이 20대 미혼 여성인지 40대 기혼 남성인지 정의 내리지 못한다면, 제품의 가치를 고객들에게 알리기 어렵고 마케팅 효과를 기대할 수 없다. 그래서 브랜딩을 할 때는 기업과 브랜드의 페르소나를 미리 설정하는 것이 필요하다. 마케팅적 의미로 페르소나란, 어떤 제품 혹은 서비스를 사용할 만한 타깃층 안에 있는 다양한 사용자 유형을 대표하는 가상의 인물을 뜻한다.

　특히 인스타그램에선 페르소나에 따라 전체적인 콘셉트가 정해질 수 있다. 페르소나가 너무 어렵게 느껴질 수도 있겠다. 우선 인스타그램에서 셀럽으로 발전해 블로그마켓식으로 비즈니스를 성장시키고 있는 브랜드를 보면 이해가 쉬울 듯하다. 자신만의 디자인 센스 등을 발판 삼아 독창적인 브랜드를 만들어내고 있는 인스타그램 셀럽 브랜드들이 꽤 많아지고 있다. 이 브랜드들의 대표는 자신이 곧 브랜드이자 모델이다. 그렇기 때문에 자신을 가장 잘 나타낼 수 있고, 팔로워와 팬들 역시 그들의 모든 콘텐츠 하나하나에 열광하는 것이다.

　페르소나라고 거창하게 이야기하고 있지만, 보통 비즈니스를 시작한 대표는 그 브랜드가 속한 카테고리에 가장 관심이 많다. 또 본인의 비즈니스에 관심이 많은 고객과 소통하기 좋은 직군에 속해 있을 확률이 높다. 무조건 그렇다는 건 아니지만 아동복 사업을 하는 사람이라면 최소한 아이를 키우고 있거나 키워봤거나 아이를 좋아할 것이다. 앞서 소개한 서울토이는 대표와 대부분의 직원이 모두 아이 아빠다.

파트 1에서 언급했던 하플리의 이지언 대표는 한복의 매력에 빠져 한복 덕후가 된 후, '덕업일치(덕질과 직업이 일치했다는 의미, 덕후 중에서도 관심사를 자신의 직업으로 삼은 사람들을 일컬음)'로 성공한 경우다. 이 대표의 사례에서 보듯이 자신이 좋아하는 관심사가 고객의 관심사와 일치하고, 고객의 성별과 연령대도 맞아떨어질 경우 페르소나를 어렵게 정의할 필요가 없다. 대표 스스로가 브랜드의 페르소나 역할을 하기 때문에 더 많은 시너지 효과를 누리게 된다. 이 대표 역시 매일매일 본인 브랜드의 한복을 입고 생활한다. 자신의 라이프스타일을 팔로워들에게 여과 없이 보여주며 또래 여성들에게도 한복을 부담 없이 입게끔 소개하고 있다. 여기서 그치지 않고 인스타그램에서 고객과 자주 소통하며 자연스럽게 팬으로 만들고 친구로 만드는 능력을 가지고 있다.

만약 이런 식으로 대표자나 직원을 대표 페르소나로 내세우기 힘든 상황이라면 기업의 고객군을 정의하고 페르소나를 정립할 필요가 있다. 우리 브랜드를 좋아하는 고객은 남성인가, 여성인가? 20대인가, 40대인가? 미혼인가, 기혼인가? 우리 고객은 어느 나라 또는 어느 지역 출신인가? 우선은 이렇게 쉽게 분류할 수 있는 요소부터 찾아 설정해본다.

그다음에는 그 사람의 행동양식, 구매패턴, 생활습관, 소비패턴처럼 밖으로 보이지 않는 것을 분류한다. 이렇게 해서 가상의 인물을 만들고 나면 가상의 고객에게 전달하고자 하는 메시지가 좀 더 명확하게 정립될 것이다. 그러고 나서 실제로 기업의 페르소나를 가상으로 정의해보는 작업이 필요하다. 예를 들어 다음과 같다.

이름: 김자연

나이: 32세

성별: 여자

취미: 운동, 쇼핑

관심사: 다이어트

모든 고객에게 만족을 주고 모든 고객에게 가치 있는 브랜드나 상품은 극히 드물다. 위와 같이 가상의 인물을 설정해 좀 더 명확한 메시지를 주는 마케팅을 할 필요가 있다. 이렇게 정립된 가상인물과 실제 고객들이 어떤 콘텐츠를 좋아할지 고민하고 만드는 과정을 공유해야 더 좋은 마케팅 효과를 얻을 수 있다. 고객의 타깃층이 정해져야 콘셉트를 정하고, 그래야 그에 맞는 톤앤매너의 콘텐츠가 만들어진다.

인스타그램의 시작,
가입하고 콘텐츠 올리기

최근에 인스타그램이 한 디바이스당 최대 10개까지 계정을 운영할 수 있게끔 공식적으로 업데이트하면서 계정을 더 많이 만들 수 있게 되었다. 필자는 이전부터 5개 이상의 계정이 있긴 했지만 인스타그램에서 더 이상 로그아웃과 로그인을 반복하지 않아도 되어 많이 편리해졌다. 한 기기당 운영 가능한 계정이 10개일 뿐이지, 이메일 주소만 있다면 수십 개, 수백 개의 계정을 만들어도 큰 문제는 없다. 물론 일반적인 방법은 아니니 추천하지는 않는다. 그럼 이제 인스타그램을 다운로드하고 가입하는 과정을 차근차근 살펴보자.

○ 인스타그램 따라하면서 알아보기

1. 인스타그램 가입하기

앱스토어에서 인스타그램 앱을 다운로드한 뒤에 가입을 진행하면
된다. 인스타그램은 페이스북, 연락처, 이메일 등으로 가입이 가능하다.
필자가 생각하기에는 이메일로 가입하는 것이 가장 좋은 방법이다. 물
론 페이스북 아이디가 있다면 페이스북으로 가입하는 게 제일 간편하
고 쉽다. 하지만 요즘엔 페이스북 친구나 연락처가 인스타그램 계정으
로 연동되는 것을 꺼리는 사람도 많다. 이런 경우라면 이메일로 가입하
고 나서 계정마다 연락처나 페이스북 친구 연동을 따로 하는 것이 더
효율적이다.

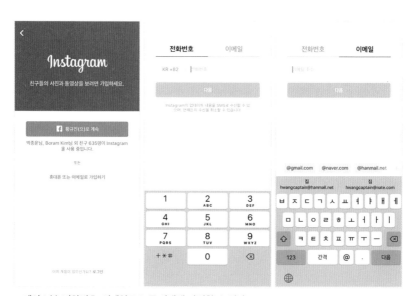

▲ 페이스북, 전화번호, 이메일주소 중 선택해 가입할 수 있다.

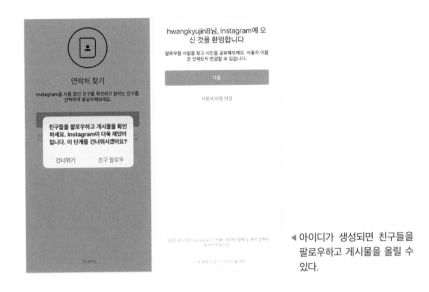

◀ 아이디가 생성되면 친구들을 팔로우하고 게시물을 올릴 수 있다.

이렇게 새로운 계정을 만들었다면 프로필 설정을 한 후 사진이나 영상을 글과 함께 게시하면 된다. 프로필 설정 방법은 파트 3에서 자세히 다룰 예정이니 참고하기 바란다. 처음에 가입해서 아이디를 결정했다면 프로필 설정은 조금 더 자신의 콘셉트를 고려해 신경 써서 설정해주는 것이 좋다.

2. 인스타그램의 메뉴 구성

콘텐츠를 업로드하는 방법을 알아보기 전에 먼저 인스타그램의 메뉴부터 파악해보자. 하단 바에 있는 첫 번째 집 모양 아이콘(①)은 자신이 팔로우한 계정들의 콘텐츠 피드를 볼 수 있는 홈 메뉴다. 두 번째 돋보기 모양 아이콘(②)은 계정이나 해시태그 등을 검색할 수 있는 검색 탭이며, 최근에는 내가 좋아할 만한 콘텐츠를 큐레이션 해주는 기능이

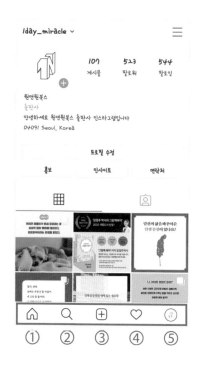

강화되었다. 세 번째 플러스 모양 탭(③)이 사진이나 동영상을 업로드할 수 있는 탭이다. 네 번째 하트 아이콘(④)은 팔로잉 계정의 활동이나 자신의 계정에 달린 '좋아요', 팔로우, 태그, 댓글 등을 확인할 수 있는 탭이다. 다섯 번째로 프로필 사진이 있는 탭(⑤)에서는 자신의 계정을 볼 수 있다. 참고로 최근 일부 계정에 한해 네 번째 하트 아이콘(④) 자리에 쇼핑 탭이 나오는 경우도 있다.

콘텐츠 업로드는 어떻게 할까?

내 계정에 콘텐츠를 업로드하려면 하단 메뉴에서 세 번째 플러스 모양 탭을 누르고 라이브러리, 사진, 동영상 중에서 선택해 업로드하면 된다. 사진이나 동영상은 인스타그램에서 직접 촬영해서 올릴 수도 있다. 하지만 일반적으로 촬영을 한 후 최소한의 편집 및 검수를 한 후에 올리기 때문에 대부분의 유저들이 라이브러리(본인 휴대폰의 앨범)에 있는 콘텐츠를 가져와서 올릴 것이다.

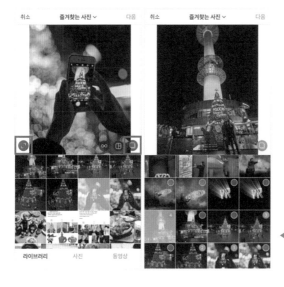

◀ 사진은 최대 10장까지 올릴 수 있는데, 첫 번째로 보이는 사진이 중요하다.

1. 사진 촬영 및 선택하기

사진에서처럼 라이브러리에서 미리 촬영한 사진이나 동영상을 선택한다. 미리 편집된 사진이나 영상일 수도 있고, 편집이 되지 않은 사진을 인스타그램에서 바로 편집할 수도 있다. 초창기의 인스타그램 필터는 조금 과한 기능이 많았고 수정 기능도 좋지 않았지만 최근에는 필터 및 수정 기능이 많이 향상되었기 때문에 인스타그램 자체 기능만으로도 퀄리티 높은 편집이 가능하다.

스마트폰에서 사진을 선택하면 여러 가지 아이콘이 뜬다. 왼쪽의 꺾쇠 모양(「 」)은 정방형으로 할지 세로 또는 가로 직사각형으로 올릴지를 결정하는 아이콘이다. 오른쪽에 있는 여러 장 모양의 아이콘을 눌러 사진을 1장만 올릴지, 2장 이상 10장 이하의 캐러셀 형태로 올릴지를 결정한다.

여기서 중요한 것은 첫 번째 사진이다. 10장의 사진을 올린다 한들 피드에서 가장 먼저 보이는 콘텐츠에 따라 그 게시물의 노출이나 도달률에 큰 차이가 있다. 또한 첫 번째 사진에 따라 뒤의 사진들이 다르게 편집된다. 즉 첫 사진이 세로 사진인지, 가로 사진인지에 따라 뒤의 사진들이 그에 맞춰진다는 말이다. 그러니 첫 번째 사진을 신중하게 선택해야 한다.

인스타그램이 사진을 단 한 장만 올리는 시스템이었다가 백 번 양보해서 10장까지 올릴 수 있게 되었음에도 그나마 특유의 감성을 유지할 수 있었던 이유는, 첫 번째 사진만 본다면 일반 인스타그램 게시물과 별 차이가 없기 때문이라고 생각한다.

2. 사진 보정하기

사진을 선택했다면 보정을 할 차례다. 위쪽의 태양 모양 아이콘을 클릭하면 '럭스(Lux)'가 나타난다. 필터를 적용하지 않고 사진의 선명도를 조절하는 기능이다. 필터에 비해 과하지 않고 꽤 예쁜 사진을 만들 수 있으니 꼭 활용하길 바란다.

그다음은 필터다. 스마트폰 카메라가 상향 평준화되면서 대부분의 카메라가 기능이 좋다. 굳이 필터를 쓰지 않고도 예쁜 사진이 많아서 요즘은 필터를 쓰지 않는 추세이긴 하다. 그럼에도 인스타그램 감성을 유지하고 싶다면 최소한의 필터를 사용하는 것도 나쁘지 않다. 필터를 선택한 후 적용한 필터를 한 번 더 누르면 필터의 강도를 조절할 수 있다. 또한 필터를 길게 눌러서 원하는 순서대로 정렬할 수도 있다. 이때 중요한 것은 앞에서 말했듯이 필터를 사용하지 않은 듯한 사진이 유행

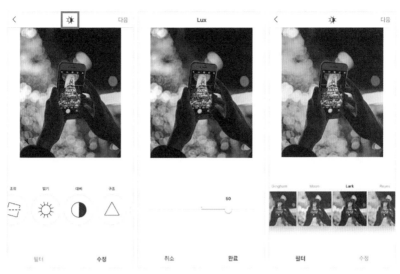

▲ 인스타그램 자체에서 사진을 충분히 보정할 수 있다.

이기 때문에 필터 강도를 50% 미만으로 조정할 것을 추천한다.

많은 초보 유저들이 의외로 모르는 것이 인스타그램 앱 자체 수정 기능이다. 사진의 밝기, 대비, 구조, 온도, 채도, 하이라이트, 배경 흐리게(비네팅), 미니어처 효과, 선명하게(샤픈) 등의 웬만한 수정이 가능하다. 이 역시 과유불급이기 때문에 50% 미만의 효과를 주는 것이 좋다고 생각한다. 이 수정 기능은 직접 하나씩 만져보면서 감을 익히는 게 좋다.

3. 글 작성하기

사진 보정을 마쳤다면 글을 작성할 차례다. 앞서 해시태그의 중요성을 언급했듯이 글은 해시태그를 적절히 넣어 작성하는 게 중요하다(해시태그에 대해서는 파트 3에서 더 깊이 다룰 것이다). 특히 위치태그나 사람

▲ 글을 작성하면서 사람과 위치를 태그할 수 있다.

태그, 제품태그 등을 활용하면 좋다. 위치태그는 현재 위치 또는 검색을 통해서 가능하며, 혹시 원하는 위치가 없을 때는 새로 등록해야 한다. 위치태그를 새로 등록하는 방법은 부록에 자세하게 설명해놓았으니 참고하기 바란다.

초기에 팔로워를
많이 늘리는 방법

어떤 플랫폼이건 마찬가지겠지만 맨 처음 0부터 시작해서 구독자 및 팔로워를 늘리기는 쉽지 않다. 필자가 최근 유튜브를 새로 시작했는데 인스타그램 초기의 느낌과 비슷하다. 그러나 생각해보면 그 유명한 도티, 대도서관, 제이플라뮤직, 허팝 같은 유튜버들도 처음에는 모두가 0부터 시작했다.

인스타그램도 마찬가지다. 처음부터 누구나 팔로워 10K를 찍고 시작하지는 않는다. 연예인이나 유명인을 제외하고는 말이다. 물론 연예인 중에서도 10K가 되지 못해 아쉬워하는 경우도 있다.

○ 팔로워를 확보하는 노하우

그렇다면 모두가 궁금해하는 팔로워 늘리는 법에 대해서 알아보도 록 하겠다. 필자는 사실 팔로워 수보다는 콘텐츠가 더 중요하다고 생각 한다. 특히 고객들이 제품 및 장소를 알아서 찍어 올려주는 것만큼 효 과적인 마케팅은 없다는 생각이다. 앞서 말했던 망리단길의 자판기 카 페는 팔로워가 많아서 성공한게 아니다. '#찍고_싶게_만든' 카페 곳곳 의 콘셉트와 색감 때문에 많은 유저들이 자신의 인스타그램에 올리면 서 유명해진 것이다.

다만 인스타그램을 운영하고자 한다면 최소한 1천 팔로워 정도를

▲ 자판기 카페가 인기를 얻은 이유는 팔로워가 많아서가 아니라 유저들이 스스로 사진을 찍 어 올렸기 때문이다.

초기에 빨리 확보하는 것이 좋다고 생각한다. 그래야 소상공인, 자영업자 사장님들 또는 작은 회사의 홍보 담당자가 좀 더 재미를 붙이고 운영하며 더 좋은 결과를 얻을 수 있기 때문이다.

1. 지인 팔로우하기

인스타그램은 카카오스토리에 비해 지인이 아닌 관심사 기반의 SNS다. 인스타그램을 따라서 카카오톡 기반으로 급성장한 카카오스토리가 주춤한 가장 큰 이유는 소통하는 모든 사람이 내가 아는 사람이라는 부담감 때문인지도 모른다. 농담처럼 떠도는 이야기 중에 10대들이 카카오스토리를 하다가 엄마, 아빠가 시작하자 피해서 페이스북으로 갔다가 다시 피해서 인스타그램까지 갔다는 말도 있다.

그러나 인스타그램 역시 초반에 팔로워가 너무 없으면 내 콘텐츠에

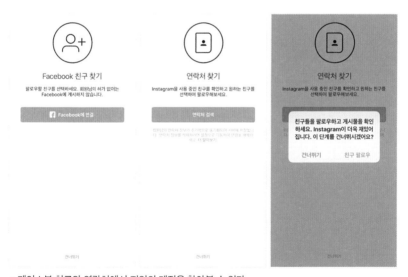

▲ 페이스북 친구와 연락처에서 지인의 계정을 찾아볼 수 있다.

'좋아요' 및 댓글도 없고, 그러다 보면 인스타그램에 흥미를 잃고 지치게 된다. 최소한의 팔로워를 확보하기 위해 인스타그램 가입 후 연락처 및 페이스북 친구 중에서 인스타그램 친구를 찾는 방법을 생각해볼 수 있다. 그럼에도 앞으로 인스타그램 활동을 하면서 지인과의 관계가 불편하다면 우선은 건너뛰기 바란다.

2. 해시태그를 통한 관심사 기반 팔로워 찾기

인스타그램은 내가 상대방의 콘텐츠를 구독하는 팔로잉과 누군가 나의 콘텐츠를 구독하는 팔로워로 나누어진다. 서로 팔로잉과 팔로워를 맺는 행위를 '맞팔'이라고 부르는데, 인스타그램에서 맞팔은 의무가 아니다. 또한 인스타그램 정책상 모든 유저와 맞팔을 할 수가 없다. 팔로워 수는 무제한인 데 반해 구독할 수 있는 팔로잉 수는 7,500명으로 한정되어 있기 때문이다.

그렇다면 팔로워는 어떻게 늘릴 수 있을까? 성향이 비슷한 사람들을 찾아다니면서 관심을 표하며 친분을 유지하면 유리하다. 필자는 아이 둘의 아빠이자 사진을 찍는 40대 남자다. 그래서 필자의 계정에는 멋진 사진들도 있지만 아이들의 일상 사진으로 가득하다. 콘텐츠마다 달리는 해시태그 역시 아이에 관한 내용이 많다. '#애스타그램' '#육아' '#육아스타그램' '#딸바보' '#육아소통' 등의 해시태그를 달기 때문에 실제로 필자와 인스타그램에서 인연을 맺은 이들 중에는 아이 엄마, 아빠가 많다. 그래서 필자와 사진으로 소통할 수 있는 부류의 사람들을 찾아다니며 먼저 '좋아요' 및 댓글을 달고 팔로우하면서 맞팔을 유도한다. 그러다 보면 인친들의 친구들과도 자연스럽게 친해지게 된다.

3. 타 플랫폼 및 커뮤니티 활용

인스타그램은 사진을 공유하는 플랫폼인 만큼 계속 사진에 대한 이야기가 많이 나올 것이다. 사진과 동영상 콘텐츠를 어떻게 만들 것인가에 대한 고민은 필수적이다. 앞에서 말했던 자신의 콘셉트가 정해진다면 그 콘셉트와 맞는 커뮤니티를 찾기를 추천한다. 커뮤니티에는 페이스북 그룹이 있고, 인스타그램 내의 커뮤니티 계정이 있을 수도 있다.

필자는 인스타그램에서 커뮤니티 계정을 거의 국내 최초로 도입해서 운영하고 있다. 그렇다면 이러한 커뮤니티를 어떻게 운영할 수 있을까? 자신의 흥미에 맞는 채널을 구독하면서 어떤 콘텐츠가 인기가 많은지 자주 들여다보면 좋다. 그들의 그룹에 가입해서 인스타그램에 올린 콘텐츠를 그룹에 공유하면 내 계정의 팔로워를 늘리는 데 큰 도움이 된다. 만약 여행을 좋아한다면 페이스북 페이지에서 '여행을 떠나는 이유' '오빠랑 여행갈래?' '유럽 어디까지 가봤니?'를 구독하고, 먹는 걸 좋아한다면 '오늘 뭐 먹지?'나 각 지역 맛집 페이지를 구독한다. 사진에 관심이 많다면 '사진에 미치다' '정말 폰카라니까요' 등을 추천한다. 예전에는 홍보를 거의 할 수 없는 그룹이 많았지만, 최근에는 자신의 인스타그램 계정 링크는 거의 공개가 가능해졌다. 이 방법을 쓸 때도 물론 콘텐츠의 질이 좋아야 함은 필수다.

또 다른 방법으로 필자가 운영하는 @seoul_korea 계정처럼 지역 커뮤니티, 사진 소개 커뮤니티 인스타그램 계정에 소개되도록 할 수도 있다. 커뮤니티 계정의 해시태그를 내 글에 삽입하거나 사진에 커뮤니티 계정을 태그하는 것으로 나의 계정을 어필할 수 있다. 최근에는 많은 페이스북 페이지들이 인스타그램에서 콘텐츠를 수급하고 있는데,

이를 이용할 수도 있다. 이제 시작해서 팔로워가 얼마 없는 내 계정의 콘텐츠가 페이스북 유명 페이지에 소개되거나 인스타그램 유명 계정에 소개되면 팔로워를 빨리 늘려갈 수 있다.

마지막으로 매크로 업체나 품앗이 앱을 이용하는 경우도 있지만 이 방법은 책에서 다루지 않기로 하겠다. 그러한 방법은 정석도 아니고 인터넷으로 검색하면 수많은 업체들이 있다. 장점은 팔로워가 앞서 세 가지 방법보다는 빨리 늘어난다는 것이다. 그러나 비용이 들며 그 팔로워들이 나중에는 어차피 빠져나갈 수도 있다는 단점이 있다. 자신과 관심사가 연결되지 않기 때문에 게시물 노출이나 도달률에 큰 도움이 되지 않는다.

4. 맞팔해줄 유저 찾기

초기에는 지금까지 말한 방법을 다 쓴다고 해도 1천 팔로워를 넘기기가 쉽지 않을 수도 있다. 인스타그램은 관심사 기반의 SNS 채널임을 잊지 말자. 자신이 공유하는 게시물을 좋아하는 사람들은 분명히 있다. 그들만의 리그에서 친구를 찾고 그들끼리만 서로 친구를 찾아다녀도 초반에 1천~5천 팔로워까지는 충분히 확보가 가능하다. 특히 주제가 좁을수록 오히려 맞팔을 해줄 상대를 찾기가 더 쉬울 수 있으니 관심사에 맞는 좁은 주제를 가지고 운영하는 걸 추천하는 바다.

주제가 좁은 성격의 계정을 운영하다 보면 그 주제에서 자주 사용하는 맞팔 해시태그들을 발견하게 될 것이다. 예를 들어 '#먹스타맞팔' '#코덕맞팔' '#육아맞팔' '#글그램맞팔' 등의 해시태그를 찾아서 인기 게시물을 제외한(인기게시물은 인기 있는 유저일 확률이 높기 때문에 나의 선팔, '좋아요', 댓글 등에 관심이 없을 확률이 높다.) 최근게시물로 간다. 최근 게시물 9개 정도에 '좋아요'를 누르고 성의 있는 댓글을 단 후 선팔을 한다면 맞팔해줄 확률은 90% 이상이 된다.

여기에서 가장 중요한 것은 선팔하려는 계정의 프로필이다. 프로필에서 팔로잉과 팔로워의 비율이 거의 1:1에 가까울수록 맞팔해줄 확률이 높다는 것을 잊지 말자. 또한 게시물이 많거나 팔로잉이 최대치인 7,500명에 꽉 차 있을 경우 그 계정이 나한테 관심을 갖거나 '좋아요'를 눌러줄 확률도 낮다. 그러니 가능하면 팔로잉 1천 명대 전후, 게시물 몇십~몇백 개 수준의 시작한 지 얼마 안 된 계정을 공략하자. 시작한 지 얼마 안 된 사람들과 소통하는 것이 오랜 기간 동안 관계를 맺으며 서로의 계정이 성장하는 데 도움이 된다.

🔍 인스타그램 멘토 찾기

세상에는 수많은 계정이 있다. 전 세계 인스타그램 이용자가 10억 명이라고 하니 나를 뺀 '10억 명-1명'의 다양한 인스타그램 계정이 있을 것이다. 그렇다면 나보다 먼저 좋은 콘텐츠를 공유하면서 많은 팔로워들과 소통하고 있으며 이를 바탕으로 비즈니스에 활용하는 계정들의 운영 방법을 자주 들여다보는 것이 중요하다. 즉 내가 운영하는 계정과 비슷한 성격의 멘토를 찾는 것이 좋다. 그래서 내 계정을 개인계정(인플루언서), 비즈니스 계정, 커뮤니티 계정 중 어떤 방식으로 키워나갈지 정하는 것이 효과적이다.

인스타그램 멘토를 찾았다면 그 계정이 아이디나 프로필을 어떻게 꾸몄고, 사진이나 영상은 어떤 식으로 촬영을 하고, 어떻게 편집하는지, 자주 쓰는 해시태그는 무엇인지, 글은 어떻게 작성하는지, 이벤트는 언제 어떤 식으로 하는지, 언제 주로 업로드하는지 등을 살펴본다.

인스타그램은 시간순이 아닌 친밀도나 참여율에 따라 더 자주 나타나므로 '좋아요'나 댓글을 더 많이 달면 그 계정의 게시물이 내 피드에 더 자주 올라온다. 그러나 내가 멘토로 생각하는 계정이 경쟁사의 것이라면 이 계정으로 그런 활동을 하기 어려울 수도 있다. 그럴 때는 다른 서브계정으로 팔로우할 수도 있지만 사실 좀 더 확실한 방법이 있다. 여기에서 멘토 계정을 잘 살펴볼 수 있는 꿀팁을 하나 공개하겠다. 인

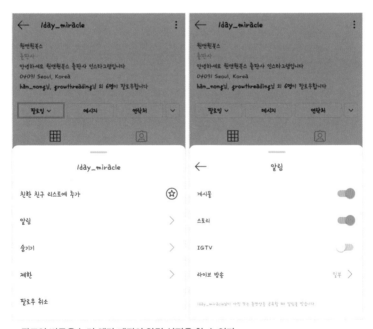

▲ 팔로잉 버튼을 눌러 해당 계정의 알림 설정을 할 수 있다.

스타그램에선 자신이 원하는 계정의 게시물을 놓치지 않고 보는 게시물 알림 설정 기능이 있는데, 이것을 활용하는 방법이다.

1. 놓치고 싶지 않은 멘토 계정의 프로필을 확인한다.
2. 멘토 계정의 팔로잉 버튼을 클릭 후 게시물 알림 설정과 스토리 알림 설정을 활성화한다.
3. 설정한 계정에서 인스타그램 게시물 또는 스토리 업로드 시 나에게 알림이 온다.

멘토 계정의 하루 업로드 빈도수, 업로드 시간, 게시물 등을 참고해서 계정 운영에 적극 활용한다.

결국 콘텐츠
그리고 소통

인스타그램은 대기업부터 작은 레스토랑, 동네 네일 숍이나 미용실 등 소상공인과 자영업자도 적극적으로 활용하고 있다. 그런데 누구나 이름만 대면 알 수 있는 대기업과 동네 네일숍의 인스타그램 운영 방식이 같을 수 있을 것인가에 대한 고민이 필요하다. 마케팅에 활용할 자금이 넉넉한 대기업은 콘텐츠 하나하나에도 비용을 아끼지 않고 전문 사진작가의 사진, 전문 디자이너의 콘텐츠, 전문 영상 제작자의 영상 콘텐츠를 활용한다. 또한 이벤트를 통해 자사의 브랜드를 꾸준히 알리기도 하며 스폰서드 광고를 수도 없이 올리기도 한다.

그렇다고 대기업이 SNS에 대해서도 잘 모르고 관리를 철저히 하지 않는다는 건 아니다. 파트 1에서 살펴보았듯이 인스타그램을 효과적으로 활용하는 대기업도 많다. 여기서 이야기하고 싶은 것은 결국 운영 전략이 중요하다는 점이다. 소규모 업체도 잠재고객을 끌어들일 만한 콘텐츠와 팔로워들과의 소통을 통해 충분히 성공적인 마케팅을 할 수 있다.

○ 사람을 내세워 친근하게 다가가라

필자는 인스타그램 강의나 컨설팅에서 어떤 콘텐츠를 어떻게 올려야 될지 모르겠다고 하소연하시는 나이 지긋한 대표님들을 많이 만나왔다. 그런 분들께는 회사에서 가장 젊은 막내 여자 직원에게 인스타그

▲ 인스타그램 사용자층과 맞게 20대 여자 마케터가 등장하는 CGV 계정

▲ '#기매니저의_오늘한컷'이라는 콘셉트로 직원이 등장해 친근감을 주는 기아자동차 계정

램을 맡기라고 당부한다. 그런 전략을 쓰는 대표적인 계정이 CGV의 @cgv_korea다. CGV라는 큰 회사에서도 인스타그램에서 실제로 활동을 가장 많이 하는 20~30대 여성과 소통하기에 가장 좋은 20대 여성 마케터를 앞세운 전략을 펼쳤다. 마케팅팀의 신입 막내 여직원이 CGV에서 진행하는 많은 행사 등에서 라이브도 진행하고 팔로워들과 소통하고 있는데 반응이 아주 뜨겁다.

기아자동차 공식계정 역시 CGV 계정만큼은 아니지만 '기매니저'라는 친근한 인물을 등장시켜 기아자동차의 소식을 전하고 있다.

인스타그램 업계에서는 "살이 나와야 잘 통한다."라는 말이 있을 정도로 대개 제품만 나오는 사진보다 인물이 함께 나오는 사진의 반응이 훨씬 좋다. 실제로 착용샷, 모델이나 직원의 등장으로 친근하게 다가가는 콘텐츠가 반응이 더 좋은 것으로 받아들여지고 있다. 결국 어떻게 좀 더 팔로워와 잠재고객에게 친근하게 접근할 수 있을지 고민해야 하지 않을까.

○ 고객을 영업사원으로 활용하라

앞에서도 계속 이야기했지만 인스타그램은 계정을 열심히 운영하고 키우는 것도 중요하지만 팔로워와 고객들이 우리의 콘텐츠를 직접 만들고 생산해서 본인의 피드에 알아서 홍보해주는 것이 더 중요하다. 이것이 인스타그램 마케팅의 핵심이며, 비용을 적게 들이거나 아예 들이지 않고도 마케팅 할 수 있는 방법이다. 고객들이 알아서 우리의 콘텐츠를 만들고 소비하고 홍보해주는 인스타그램 마케팅이 더 중요해지는 이유다.

▲ 고객이 직접 올린 후기는 무엇보다 효과적인 광고다.

1. 사진 찍고 싶게 만들어라
이런 인스타그램의 특성을

잘 이용하려면 고객들이 인스타그램에서 우리 제품과 서비스를 소비할 수 있게끔 전략을 잘 짜놓아야 한다. 오프라인 기반의 사업이고 인스타그램을 운영하고 있다면 우리의 서비스를 이용하는 고객들이 찍고 싶을 무언가를 만들어야 한다. 제품의 기획 자체를 그렇게 할 수도 있으며 비주얼을 좀 더 신경 쓸 수도 있다. 요즘 사람들은 맛있는 음식이 나오면 먹기 전에 사진 찍는 습관이 몸에 배어 있다. 그렇다면 더 찍고 싶게끔 음식을 더 맛있어 보이게 한다거나 플레이팅을 남들과 다른 방식으로 구성하는 것이다.

2. 메뉴판이나 입간판을 잘 활용하라

찍고 싶은 무언가를 제공했다면 업체의 계정이 있다는 것을 알린다. 그리고 그들이 알아서 우리 계정과 함께 우리가 원하는 해시태그를 달게끔 유도하는 장치(포스터, 메뉴판, 안내문, 팸플릿 등)를 마련해둔다. 그러면 우리의 고객을 브랜드의 마케터로 활용하는 것이 가능해진다. 물론 그 고객은 직원이 아니니 약간의 혜택(서비스 제품, 포인트, 쿠폰 등)을 제공해야 한다.

다음 사진은 딸기 디저트, 브런치, 무민와플로 유명한 대구의 '스위트앤드'라는 작은 카페다. 유명 프랜차이즈도 아닌 작은 카페에서 어떻게 인스타그램을 활용하는지 볼 수 있는 좋은 사례다. 이곳의 메뉴는 모두 20~30대 초반 여성이 좋아할 만한 예쁘고 아기자기한 것으로 구성되어 있어서 사진을 찍을 수밖에 없게 한다. 물론 내부 인테리어도 마찬가지다.

여기서 멈추지 않고 매장 입구에 놓인 입간판부터 메뉴판, 심지어

▲ 다양한 형태로 인스타그램 계정을 홍보하는 카페 스위트앤드

쿠폰까지 인스타그램 모양으로 만들었다. 이를 통해 카페의 계정과 원하는 해시태그('#동성로카페' '#동성로디저트' '#무민와플' '#디저트' '#브런치' '#스위트앤드' 등)를 지속적으로 노출시킨다. 그러다 보니 이곳의 브랜드 해시태그(#스위트앤드)는 게시물이 5천 개가 훨씬 넘는다. 매장 공식계정의 게시물은 600개를 살짝 넘는 걸 감안한다면 약 4천 개 이상이 고객이 올린 게시물임을 짐작할 수 있다. 공식계정의 팔로워가 2,500명으로 그렇게 많지 않음에도 불구하고 고객들이 계속 찾아오게 하는 원동력이라고 생각한다.

강의와 컨설팅을 하다 보면 고객의 구매량은 엄청난데 인스타그램 운영이 잘 안 되는 경우가 많다. 그런 경우엔 대부분이 공식계정 운영에 부담을 느껴서 어떤 콘텐츠를 올려야 할지 감을 못 잡는 경우다. 그런 업체를 컨설팅할 때 가장 먼저 확인하는 것은 오프라인 매장 곳곳에 인스타그램 계정을 알리는 장치가 있는지 여부다. 또한 그곳에 고객들이 찍고 싶은 무언가가 있는지도 중요하다. 다시 말해 우리 상품이 사진 찍을 만한 매력이 있는지를 확인하고, 예쁜 포토존을 만들어서 고객들이 콘텐츠를 만들어 소비할 수 있게끔 하는 장치를 마련하라는 것이다.

3. 인스타그램 관련 안내문을 보낸다

온라인 비즈니스라면 고객이 제품을 받았을 때 이 제품이나 패키지는 찍어서 공유하지 않고는 못 배길 만한 마케팅 전략을 짜야 한다. 그게 어렵다면 배송 시 팸플릿에 인스타그램 계정, 브랜드 해시태그와 가장 중요한 해시태그 3~5개 정도를 알린다. 고객들이 인스타그램에 자발적으로 사진과 함께 우리가 원하는 장치(계정 해시태그, 브랜드 해시태그 및 중요 해시태그 등)를 언급해준다면 기존 후기 포인트에 비해 더 많은 혜택을 주어서라도 유도할 필요가 있다. 예를 들면 글 후기 500포인트, 사진 후기 1천 포인트, 인스타그램 후기 1,500포인트, 블로그 후기 2천 포인트를 준다는 안내문구가 적힌 팸플릿을 보낸다. 또는 배송 시 고객에게 보내는 문자에 안내를 해주는 것만으로 고객들의 팔로워와 친구들에게 홍보하는 효과를 가져올 수 있다.

4. 체험단, 후기 등 이벤트를 진행한다

매달 우수후기 이벤트를 진행함으로써 그들의 진짜 후기를 우리 업체의 콘텐츠로 활용할 수 있다. 업체에서 직접 말하는 광고 100개보다 고객이 말하는 후기 1개가 더 믿음이 가기 마련이다. 우리가 올리는 콘텐츠는 고객에게 그저 상품 광고로 느껴지지만, 고객이 직접 올린 후기는 그들의 일상에 제품이 녹아들어 인스타그램 콘텐츠가 되는 것이다. 당연히 그런 콘텐츠가 인스타그램이라는 채널에서 가장 잘 통할 수밖에 없다. 이는 가장 적은 비용으로 후기 콘텐츠를 사는 것이자, 가장 적은 비용으로 제일 효과적인 마케팅을 진행하는 것이다.

체험단 이벤트는 인플루언서 플랫폼이나 체험단 플랫폼을 통해 진행할 수도 있지만, 우리 계정에서 직접 진행하면 원하는 느낌의 콘텐츠가 생길 수 있다. 그 이후에 콘텐츠를 우리 계정에 리그램해서 업로드하면 제품이 고객의 일상으로 들어가는 최고의 콘텐츠가 된다. 다음 이미지는 필자가 운영대행을 했던 업체의 인스타그램 이벤트 이미지와 후기다. 이 업체는 B2C 제품도 거의 없었고 B2B 형태로 수많은 매출

▲ 체험단 이벤트를 직접 진행해 좋은 성과를 얻은 동우바른닭고기

▲ 고객의 후기를 공유하고 제품 상세페이지에도 활용하는 이소품

을 만들어오던 곳이다 보니 고객의 후기는 거의 없었다. 그래서 체험단 이벤트를 진행했고 좋은 성과를 내어 팔로워도 650명 정도 늘었으며, 고객의 자연스러운 후기가 쌓이기 시작했다. 고객의 후기를 자사 공식 계정에 다시 공유하면서 좋은 반응을 이끌어내기도 했다.

또 다른 사례를 소개해보겠다. 인테리어 소품을 판매하는 '이소품'이라는 업체다. 이 업체의 공식계정에서도 고객의 후기를 잘 활용한다. 평소에도 톤앤매너를 맞춘 깔끔한 이미지를 잘 공유하고 있으며, 그와 더불어 고객들이 제품을 실제로 사용하는 느낌의 콘텐츠도 자주 업로드된다. 왼쪽 아래 사진처럼 실제 필자가 사용했던 후기 사진을 인스타그램과 제품 상세페이지까지 자연스럽게 활용했다. 물론 고객의 후기를 활용해 SNS, 상세페이지, 광고 이미지를 만들 때는 꼭 고객의 동의를 받아야 한다.

EASY TO FOLLOW INSTAGRAM MARKETING

PART 3

특별한
인스타그래머
되기

아이디와 태그를
선점하라

팔로워가 많은 유명한 계정처럼 나도 인플루언서가 될 수 있을까? 물론 될 수 있다. 당연히 하루아침에 될 수는 없겠지만 꾸준히 노력하면 충분히 가능하다. 그럼 필자와 함께 특별한 인스타그래머가 되는 첫 발걸음을 떼어보자. 인스타그램을 시작하고 가장 먼저 드는 고민이 계정 아이디를 어떻게 정하느냐다.

아이가 둘이나 있는 아빠로서, 그리고 서울매니아라는 쇼핑몰을 운영하고 있는 대표로서 이름 짓기는 그 무엇보다도 어렵고 고민되는 일 중 하나였다. 아이 이름은 부르기 쉽고 좋은 뜻을 가져야 하며 한 아이 인생에 평생을 따라다니는 정말 중요한 것이다. 며칠 밤을 고민하고 주변에 물어보며 정한 몇몇 이름을 작명원에 의뢰해 정말 좋은 이름인지 확인까지 한 후에 아이 이름을 정했다. 사업을 시작할 때도 회사 이름이 고객들의 뇌리에 박히고 쉽게 불리며 회사의 특성을 한 번에 알 수 있도록 고민해 CI(Corporate Identity; 기업의 정체성과 이미지) 로고와 BI(Brand Identity; 브랜드 이미지)를 정했다.

인스타그램 아이디 하나 정하는 게 뭐 그리 중요한가 생각할 수도 있다. 인스타그램 세상에서 가장 먼저 보이고 불리는 이름이기 때문에 꽤나 중요한 단계다. 인스타그램 아이디는 페이스북 페이지 이름을 바꾸듯이 '신청-인증'의 단계를 거치지 않고 언제든지 바꿀 수는 있다. 다만 한번 정한 이름으로 나름의 브랜딩을 잘해서 팔로워들에게 알려지기 시작했는데 갑자기 아이디를 바꾼다면, 정말 친한 인친 외에는 잘 인식하지 못한다. 그뿐만 아니라 나중에 원하는 아이디로 다시 바꾸려 해도 아이디를 찾기 어려울 수 있다. 인스타그램 아이디는 영어로만 가능하다. 인터넷에서 원하는 도메인을 찾기가 쉽지 않듯이 원하는 아이디를 찾기가 더 어려워질지도 모른다. 그 전에 나만의 멋진 아이디를 선점해보자.

◯ 아이디 선정이 무엇보다 중요하다

인스타그램에서 아이디는 유저의 이름이자 별명이다. 처음 시작하는 사람들은 보통 평소에 쓰는 이메일 아이디로 하는 경우가 많다. 예를 들어 본인만 아는 듯한 영어와 숫자의 조합을 들 수 있다. 그런 식으로 지을 경우 인스타그램 친구가 생기면 서로 불러야 하는데 어떻게 읽

▲ 인스타그램 아이디(사용자 이름) 설정 방법

는지조차 어려울뿐더러 브랜딩하기에 아쉬움이 있다.

아이디를 바꾸는 방법은 '프로필 편집 – 사용자 이름'을 변경하면 된다. 처음 시작하는 유저들은 이름과 사용자 이름을 헷갈려 한다. 첫 번째 칸에 위치한 이름은 실제 이름 또는 브랜드명, 계정과 연관된 중요한 키워드를 넣으면 된다. 일반적으로 이름만 넣고 마는데 인스타그램에서 검색할 때 가장 먼저 검색되는 중요한 요소다. 이는 뒤에서 더 자세히 설명하도록 하겠다.

예를 들어 필자의 아이디는 어렸을 적 별명인 '황대장'의 영어 버전인 @hwangcaptain이다. 이 아이디는 인스타그램에서도 황캡틴으로 쉽게 불리며 외국인에게도 그다지 어렵지 않다. 물론 앞에 hwang이라는 성이 외국인 입장에서는 한국인인지 중국인인지 조금 헷갈릴 수는 있겠지만 그래도 캡틴이라는 좋은 의미로 불릴 수 있다.

1. 아이디에 본인의 특성 및 감성을 담으면 더 좋다

인스타그램에서 활동 중인 사진가의 계정 @_peppermint.b를 예로 들어보겠다. 이 분의 초창기 아이디는 본명인 @baeyonghan이었

▲ 감성 사진이라는 콘셉트와 잘 맞는 @_peppermint.b 아이디

다. 물론 이름을 넣는 게 나쁘다는 것은 아니지만 아이디에 페퍼민트라는 단어를 넣음으로써 유저의 성향이나 감성이 드러난다. 원하는 의미의 아이디는 사용하기 어려울 수도 있지만 좌절하지 않길 바란다. @_peppermint.b처럼 언더바(_)와 마침표(.)를 이용해 만들 수 있다.

2. 브랜드명 아이디 선점하기

필자가 운영하는 쇼핑몰의 이름은 서울매니아인데, 인스타그램 계정을 만들 당시 한 외국인이 이미 @seoulmania 계정을 사용하고 있었다. 고민을 거듭하다 @seoulmania.co.kr로 만들었다. 쇼핑몰 주소를 아예 계정으로 만든 것이다. 브랜드명과 정확하게 일치하지 않고, 브랜드로 불리기에 깔끔하지 않다. 또한 해시태그 사용 시 아이디와 달라 아쉽다. 하지만 계정 자체에 쇼핑몰의 도메인 URL을 보여줄 수 있으니 어쩌면 꽤 괜찮은 방법인 듯하다.

3. 아이디와 해시태그 일치

전 세계적으로 많이 사용하는 해시태그를 표로 정리해보았다. 그중에 2개의 해시태그와 똑같은 계정이 있다. 전 세계 사람들이 사용하는 유명한 해시태그와 계정 이름이 같다는 건 계정을 운영하는 데 엄청난 이점으로 작용할 것이다.

필자가 운영하는 서울 사진 공유 커뮤니티인 @seoul_korea 계정을

가장 많이 사용하는 해시태그 순위와 관련 계정

순위	해시태그	해시태그 수	비고
1	#love	1,097,977,582	
2	#instagood	606,005,255	@instagood(85.6만 팔로워)
3	#photooftheday	427,254,172	@photooftheday(23.6만 팔로워)
4	#beautiful	396,461,767	
5	#happy	375,713,008	
6	#tbt	375,150,874	Throwback Thursday 약자(지난 사진)
7	#cute	370,700,931	
8	#fashion	389,987,589	
9	#followme	341,418,908	
10	#me	324,320,874	

만들 당시 '#seoul_korea'라는 해시태그를 사용한 사진은 채 10개도 되지 않았다. 하지만 2020년 8월 기준 이 해시태그는 '#seoul'이라고만 검색해도 바로 연관 해시태그로 뜨며 36만 개가 넘는 사진에 쓰이고 있다. 그만큼 한국 또는 서울에서 유명한 해시태그가 되어 있다. 즉 아이디와 사용하는 해시태그가 같아야 유리하며, 커뮤니티화될 수 있는 해시태그를 찾아서 만들면 유리하다.

▲ '#seoul_korea'로 검색했을 때 수많은 관련 게시물이 뜬다.

#해시태그가
무엇보다 중요하다

　　해시태그(hashtag)는 게시물에 일종의 꼬리표를 다는 기능이다. 특정 단어 또는 문구 앞에 해시 기호(#)를 붙여 연관된 정보를 한데 묶을 때 쓴다. '해시(hash) 기호를 써서 게시물을 묶는다(tag)'고 해서 해시태그라는 이름이 붙었다. 해시 기호 뒤 문구는 띄어 쓰지 않는다. 띄어 쓸 경우 해시태그가 아닌 것으로 인식하기 때문이다.

　　처음에는 관련 정보를 묶는 정도의 기능으로 쓰였지만, 지금은 검색 등 다른 용도에도 쓰인다. 예컨대 인스타그램이나 페이스북 같은 SNS에 게시물을 올리고 해시태그를 달면, 그 게시물과 같은 해시태그를 단 게시물을 찾아볼 수 있다. 해시태그는 트위터에서 처음 시작했지만 인스타그램의 인기와 더불어 모든 미디어에서 통용되고 있다. 많은 곳에서 검색이 아니더라도 강조하는 느낌으로 쓰인다.

해시태그의 기능은 크게 분류, 검색, 강조 세 가지로 나뉜다. 해시태그의 처음 기능은 분류였다. 글에 일종의 꼬리표를 달아 글을 분류했고 그것을 찾는 검색 기능으로 사용되었다. 그러다 최근엔 글에서 강조하는 기능으로도 쓰이게 되었다. 인스타그램에서 글을 쓸 때 해시태그를 달면 # 뒤에 붙은 단어가 파란색으로 나타나며 해시태그

▲ 해시태그로 내용을 강조하거나 검색 가능하게 할 수 있다.

의 주기능인 분류와 검색이 가능해진다. 해시태그를 글 마지막에 한꺼번에 넣기도 하지만 중간중간에 넣어서 강조하기도 한다.

○ 해시태그로 콘텐츠를 분류한다

필자처럼 인스타그램을 오래 운영한 경우에는 게시물이 많아 본인의 콘텐츠를 일일이 찾기가 어려워진다. 이때 자신의 게시물에 본인만이 달 만한 해시태그를 붙여 콘텐츠를 분류할 수 있다. 중요한 것은 다른 사람이 잘 쓰지 않는 해시태그여야 한다는 점인데, 언더바를 활용하

좋아요 2,94개
chaakan_official 미리준비하는 #가을신상

가을을 함께할 #인생슈즈 가
여러분을 기다리고 있어요 🤍

새로운 런칭 소식은 피드로 제일 먼저
알려드릴게요 :)

#착한구두_가을아이템 #착한구두_로퍼
#착한구두_슬립백힐 #착한구두_펌프스

▲ 언더바(_)를 이용해 해시태그를 단 모습

면 효과적이다.

실제로 필자의 컨설팅을 받은 업체 '착한구두'에서는 정말 좋은 아이디어라면서 바로 적용했다. 이처럼 제품과 카테고리가 많고 콘텐츠도 점점 쌓여가는 계정이라면 고객의 관점에서 고객이 보고 싶어 하는 제품 또는 카테고리 위주로 콘텐츠를 큐레이션 하는 데 해시태그를 활용할 수 있다.

기업계정에는 수많은 제품과 수많은 카테고리의 게시물이 섞여 있을 수밖에 없다. 제품과 콘텐츠를 보러 온 팔로워 또는 고객들에게 모든 콘텐츠를 일일이 다 보게 하는 대신, 원하는 콘텐츠만 골라서 볼 수 있게 하는 특별한 해시태그 기능을 활용해보면 어떨까? 예를 들면 '#Hwang_iPhone' '#Hwang_Video' '#Hwang_Jane' '#instameetSEOUL'과 같이 쓸 수 있다.

앞쪽에서 다루었듯이 사람들이 많이 쓰는 해시태그를 쓰거나 아이디로 활용하면 계정을 키우는 데 도움이 된다. 다만 게시물이 너무 많은 인기 있는 해시태그를 사용할 경우 노출이 잘 되지 않는다는 단점도 있다. 해시태그를 달면 인기게시물 또는 최근게시물에 노출되는데, 팔로워, '좋아요', 댓글이 적다면 인기게시물에 올라가기 어렵다. 최근게시물에 노출되더라도 많은 사람들이 실시간으로 게시물을 올리기 때문에 내 게시물은 순식간에 아래로 밀려나 찾기 힘들어진다.

Q 개인이나 기업 브랜딩에 활용할 수 있다

해시태그를 개인이나 기업 브랜딩에 활용하는 경우도 많다. 한화그룹은 모든 콘텐츠마다 맨 앞에 '#오늘의불꽃' 등 기업의 캐치프레이즈가 될 만한 문구를 넣는 방식으로 활용한다. 개인계정 또한 자신을 나타낼 수 있는 문구를 반복적으로 보여주면서 본인의 콘텐츠에 대한 효

▲ 기업의 캐치프레이즈를 해시태그로 활용한 ▲ '#사진에설탕한스푼'이라고 하니 원래 감성적인
한화그룹의 인스타그램　　　　　　　　　　　사진에 한층 더 달콤한 느낌이 든다.

과적인 어필이 가능하다. 앞서 소개한 @_peppermint.b는 아이디가 페퍼민트를 나타내고, 사진마다 '#사진에설탕한스푼'이라는 문구를 맨 앞에 삽입한다. 그러고 나니 모든 사진이 왠지 더 달달해지고 감성적으로 보인다. 물론 사진들이 원래 감성적이지만 그 향이 더욱더 강해지는 느낌이다.

이렇게 일정한 해시태그를 잘만 활용하면 좋은 반응을 얻고 팔로워를 늘리는 데도 도움이 된다. 계정의 뚜렷한 콘셉트를 정해서 그와 관련된 해시태그를 만들어 꾸준히 올려보자.

그렇다면 내 계정의 해시태그는 어디서 어떻게 찾고 어떤 식으로 정리하면 될까? 해시태그란 인스타그램에서 원하는 콘텐츠를 찾기 위한 키워드다. 그렇기에 우리나라에서 검색으로 가장 많이 활용하는 네이버

▲ 네이버 마케팅·광고 데이터로 해시태그를 찾는 방법

의 데이터를 활용하는 것이 가장 좋다고 생각한다. 네이버 PC버전 가장 아래에 마케팅·광고 탭이 있다. 거기에서 검색마케팅 탭을 클릭한 후 광고 시스템에 접속한다. 예전에는 광고 계정이 필수로 있어야 했는데, 최근에는 본인의 인스타그램 아이디만으로도 접속이 가능하다. 도구 탭의 키워드 도구를 가서 원하는 키워드(해시태그) 중 가장 큰 키워드(최대 5개 가능)를 넣으면 관련된 연관키워드의 월간검색 수가 나온다. 고객들이 많이 검색하는 키워드는 비즈니스를 운영하는 데 꼭 필요한 것이기 때문에 인스타그램이 아니더라도 한 번쯤 정리해놓을 것을 추천한다.

미디언스라는 인플루언서 플랫폼에서 개발한 해시태그 랩(lab)을 활용하는 것도 좋은 방법이다. 해시태그 랩에 접속하고 키워드 도구와 마찬가지로 가장 콘텐츠가 많을 것 같은 해시태그를 넣으면 분석과 함께 연관 해시태그를 정리해준다.

▲ 미디언스의 해시태그 랩으로 해시태그를 찾는 방법

검색에 유리한
매력적인 프로필 만들기

인스타그램 프로필에서 이름란에 아이디를 그대로 넣거나 브랜드 영문명만 적는 경우가 많다. 그러나 프로필은 돋보기 모양 검색 탭에서 어떤 키워드를 검색했을 때 일반적으로 생각하는 해시태그보다 더 먼저 검색된다. 즉 포털에서 브랜드의 한글명을 찾듯이 인스타그램에서도 한글명을 찾았을 때 쉽게 검색되어야 한다. 팔로워 및 잠재고객이 검색할 만한 중요한 키워드 및 카테고리를 이름란에 넣는다.

예를 들어 아동복 업체 계정의 이름란에 브랜드명만 작성했을 때 브랜드명, 아동복, 주요 키워드를 넣었을 때의 검색에서의 차이가 꽤 크다. 즉 인스타그램에서 아이디가 도메인이라면 이름은 사이트명, 프로필은 웹마스터 도구 정도라고 볼 수 있겠다.

▲ 인스타그램에서 한글로 검색해도 나오도록 프로필을 설정해야 한다.

○ 어떤 프로필 사진이 매력적일까?

만약 개인계정이라면 어떤 프로필 사진을 고를까? 대부분이 본인의 가장 예쁜 사진을 선택할 것이다. 그렇다면 브랜드 계정의 경우에는 어떤 프로필 사진이 더 매력적이고 친근하게 보일까? 누구나 아는 대기업 또는 브랜딩이 된 기업이라면 당연히 그 회사의 로고 또는 BI를 활용하는 것도 괜찮다. 다만 일반 대중의 인지도가 없는 신생 기업이라면 조금 고민이 필요하다.

아무도 모르는 브랜드의 계정에 로고를 넣는다면 상업적으로 보이기 때문에 그 계정으로 '좋아요'나 댓글을 달고 다녀도 전혀 유입이나 반응이 없을 것이다. 다음 사진에서 왼쪽과 오른쪽 프로필 사진 중 무엇을 더 매력적이고 친근하게 느낄지 생각해보면 바로 답이 나온다.

▲ 로고가 아닌 친근감 있는 프로필 사진으로 바꾼 잠숲공 계정

다만 기업 계정을 운영할 때 중요한 쇼핑태그를 활용하기 위해서는 기업의 로고로 설정하는 것이 유리하다. 피드의 콘텐츠도 일상적인 느낌이 아닌 제품 위주의 이미지여야 한다. 이 내용은 페이스북 1:1 채팅을 통해 많은 업체에서 공통적으로 확인한 내용이니 거의 정확한 공식적인 답변이라고 봐도 무방하다. 그렇기 때문에 콘텐츠가 더 많이 쌓이기 전에 로고와 제품사진 위주의 콘텐츠로 세팅해놓고 쇼핑태그 설정을 한 후 인스타그램 계정을 운영하는 것이 좋다고 판단된다.

쇼핑태그

쇼핑태그를 사용하려면 프로페셔널 계정으로 전환해야 한다. 그런후 해당 계정의 페이스북 페이지 설정에 가서 템플릿 및 탭을 쇼핑 탭으로 변경하면 내 페이스북 페이지에 새롭게 'SHOP' 탭이 생긴다. 이

SHOP에 우리 브랜드의 자사제품 7개를 등록하면 약 2주 내에 쇼핑태그를 쓸 수 있다. 최근 인스타그램 측의 발표에 따르면 인스타그램 앱 안에서 바로 결제가 가능한 기능까지 더해진다고 하니 이커머스를 하고 있는 브랜드 계정이라면 꼭 쇼핑태그 기능을 설정하고 시작하기 바란다.

○ 소개란 설정하기

소개란은 브랜드 또는 개인이 소개를 적는 공간이다. 일반적으로 깔끔하게 보이기 위해 필자처럼 맨 앞쪽에 이모티콘을 활용하거나 줄바꿈을 잘 하는 것이 좋으며, 한글은 최대 150자까지 가능하다.

프로필의 소개란은 보이기에 깔끔한 것이 가장 중요하며 본인의 성향, 약력, 관심사 등에 대해 취향에 맞게 설명하면 된다. 또한 가장 마지막에 가급적 인스타그램의 유일한 링크 삽입이 가능한 프로필 웹사이트의 전환을 위한 간단한 소개가 들어가게 할 것을 추천한다.

필자의 소개란 예시

📷 사진 찍는 인스타그램 전문가	직업 및 약력
🌐 @seoul_korea Founder(180K)	인스타그램 계정 소개
📷 Sony #A7Rii + 📱 #iPhoneX	관심사 또는 촬영 기종
💻 인스타그램 강의 & 꿀팁 👇	웹사이트 전환을 위한 소개

스토리 하이라이트 설정

인스타그램 스토리는 파트 4에서 좀 더 자세히 다루겠지만 인스타그램 프로필 아래에 보이는 스토리 하이라이트에 대해서 간단하게 짚고 넘어가고자 한다. 하이라이트는 인스타그램 스토리(24시간 후에 사라짐)에 올렸던 콘텐츠를 좀 더 오래 공지하거나 스토리의 콘텐츠를 분류하는 데 사용하는 기능이다.

스토리 자체가 스마트폰에서 화면에 꽉 차는 콘텐츠를 업로드하는 것이기 때문에 집중도가 높으며, 화면 아래에 '더보기'를 통해 링크 삽입도 가능하다(비즈니스 프로필+1만 팔로워 이상 가능). 최근에 많은 계정에서 이 스토리 하이라이트도 좀 더 보기 좋게 꾸며 프로필의 한 부분

▲ 다양하게 활용할 수 있는 스토리 하이라이트

으로 활용하기도 한다.

　스토리에 24시간 후에 사라지는 콘텐츠를 하이라이트를 통해 폴더화가 가능하고, 60개가 넘는 콘텐츠(최대 100개)가 한 하이라이트 폴더 안에 들어가게 된다. 또한 스토리의 사진을 가지고 커버를 만들 수도 있지만 아트워크 사진을 넣는다면 다니엘웰링턴처럼 같은 색감으로 통일시키거나, @seoul_korea 계정처럼 같은 아트워크이지만 색감을 다채롭게 할 수도 있다.

같은 콘셉트의 콘텐츠를 업로드하라

같은 콘셉트의 콘텐츠를 업로드하는 방법은 크게 두 가지로 나눌 수 있다. 첫 번째 방법은 같은 색감 및 느낌으로 올리는 것이고, 두 번째는 같은 주제와 피사체를 올리는 것이다. 하나씩 살펴보도록 하겠다.

같은 색감 및 느낌

싱가포르에서 활동하는 @daannyng이라는 계정은 심플한 사진을 찍으면서도 전체적으로 밝은 회색톤의 사진을 공유하는 작가다. 최근

▲ 일관된 색상과 비슷한 느낌의 사진을 올리는 사례

유행하는 사진톤이기도 하며 심플함을 추구하는 디자인이나 인테리어 소품의 쇼핑몰에서도 많이 볼 수 있는 느낌의 콘텐츠들이다.

이와 반대로 @moodygrams라는 커뮤니티 계정은 아이디에서 알 수 있듯이 기분이 좋지 않은, 침울한(moody) 느낌의 어두운 사진이 주로 올라온다. 게다가 #moodygrams라는 해시태그로 올라온 게시물은 3,465만 개에 이른다. 해시태그 관련 내용에서 언급했던 것처럼 인스타그램에서 유행할 만한 해시태그를 선점하고 같은 이름으로 계정을 운영하면 해시태그와 함께 계정이 성장하는 데 큰 도움이 된다.

홍콩에서 활동 중인 한국인 @candysarah는 도시의 다채로운 색감을 매우 잘 표현해내는 작가다. 앞서 말한 두 계정처럼 일관된 색감은 아니지만 콘텐츠마다 자신만의 분류 해시태그(예: #candysarahredorangeyellow 등)를 통해 콘텐츠를 색감별로 분류하는 것을 볼 수 있다. 오랫동안 활동하다 보면 콘텐츠가 1천 장, 2천 장 넘게 쌓여 정리하기 어려워지는 데, 그 수많은 콘텐츠를 본인만의 해시태그로 적절하게 분류하고 있는 것이다.

🔍 같은 주제 및 피사체

아마도 앞서 말한 콘텐츠의 색감이나 보정에 콘셉트를 맞추는 사람보다는 같은 주제를 가지고 운영하는 계정이 더 많을 것이다. 초창기 인스타그램은 자신의 일상을 공유하고 특히 사진 찍는 작가들이 잘 찍은 사진을 공유하는 경우가 대부분이었다. 현재는 자기만의 콘텐츠로 다른 유저들과 차별화를 꾀하는 계정이 많다. 특히 예술 분야가 많은데 음식, 그림, 조각, 영상 등 다양한 주제의 콘텐츠들이 늘어나고 있다.

내숭 시리즈로 유명한 한국화가 김현정 작가는 작품만 올리는 @naesoong_gallery 계정뿐만 아니라 자신의 일상을 공유하고 팬들과 소통하는 개인계정도 운영하고 있는데, 유명한 작가인 만큼 개인계정이 오히려 팔로워가 더 많은 것을 확인할 수 있다. 자신이 페르소나가 되어 자신의 브랜드 또는 인스타그램 계정을 운영하는 좋은 사례라고 볼 수 있다. 심지어 내숭 시리즈에 나오는 주인공이 바로 작가 본인인 것을 보면 앞서 언급했던 하플리의 이지언 대표만큼 '나=페르소나=브랜드=인스타그램'이 하나로 연결되는 가장 좋은 사례라고 생각한다.

인스타그램 공식계정에도 소개된 적 있는 @salavat.fidai는 연필조각이라는 독특한 작업을 취미로 시작해 유명해진 러시아 아티스트다. 처음에는 드로잉을 하기 위해 연필을 깎다가 심심풀이로 연필심을 조

▲ 같은 주제의 사진을 다채롭게 올리는 사례

각하기 시작했다고 한다. 판타지 영화 속 캐릭터부터 다양한 주제의 피사체를 조각하고 인스타그램에 공유하고 있다. 취미로 시작한 일이지만 꾸준히 작업하며 같은 콘셉트의 주제를 공유하다 보면 많은 사람들이 공감하고 팔로우하며 유명한 계정이 될 수 있다.

인스타그램에서 가수 아이유가 슬라임을 가지고 노는 것을 공유하면서 어린아이를 포함한 젊은층이 슬라임에 푹 빠지게 되었다. @slimesorim이라는 계정은 초록색 인조잔디 위에서 어떤 멘트나 음악, 편집 없이 여러 가지 슬라임을 만지고 소리 내며 동영상으로 촬영해서 올리고 있다.

슬라임을 가지고 노는 사람들은 알록달록한 슬라임을 손으로 주물럭거릴 때마다 나는 고유의 소리를 좋아하는 듯하다. 그래서 ASMR(Autonomous Sensory Meridian Response; 뇌를 자극해 심리적인 안정을 유도하는 영상으로 바람이 부는 소리, 연필로 글씨 쓰는 소리, 바스락거리는 소리 등을 제공해준다.)이 유행하기도 했다.

인스타그램 공식계정은 색감을 다양하게 표현하거나 자신만의 콘텐츠를 꾸준히 공유하는 계정들의 게시물을 공유하고 추천 사용자로 선정하기도 한다. 지금 취미로 하고 있는 일을 자신만의 콘텐츠로 삼아 계정을 운영한다면 당신도 인플루언서가 될 수 있다. 자, 당신이 좋아하는 주제는 무엇인가?

팔로워 수에
목숨 걸지 말자

인스타그램에 관련된 수없이 많은 강의를 해오면서 가장 많이 받은 질문은 "어떻게 하면 인스타그램 팔로워를 늘릴 수 있나요?"였다고 해도 과언이 아니다. 팔로워가 많아야 많은 이가 볼 수 있기 때문이 아닐까 한다. 필자도 앞에서 최소한의 팔로워가 있어야 흥미를 느끼고 운영할 수 있다고도 했다. 잘 찾아보면 팔로워를 늘리는 쉬운 방법은 많다. 그러나 단순히 팔로워 수만 늘리기 위해 불법적인 방법까지 쓸 필요는 없다는 점을 명심해야 한다. 우리가 인스타그램을 하는 이유는 회사와 제품을 알리기 위함이지 단순히 팔로워를 늘리기 위해서가 아니다.

○ 숫자에 집착하지 말고 본질에 충실하자

포털사이트나 인스타그램에서 '인스타그램 팔로워'라고 검색만 하면 수십 개의 업체가 뜬다. 인스타그램 팔로워를 사고파는 행위가 공공연히 이루어지고 있는 것이다. 그런데 인스타그램 팔로워에도 등급이 있다는 사실을 아는가? '한국인 실제 팔로워 〉 외국인 실제 팔로워 〉 한국인 유령 팔로워 〉 외국인 유령 팔로워'순으로 가격이 싸다.

업체들은 해외 유령 팔로워와 한국 유령 팔로워가 필요한 이유를 이렇게 설명하기도 한다. 유명한 음식점에 손님이 많아 보여야 다른 잠재 고객이 맛집이라고 생각하고 들어오게 된다는 논리다. 가짜 팔로워로 숫자를 높여 놓아야 이 계정이 인기 있는 계정이라고 생각하고 다른 잠재 팔로워가 와서 관심을 가진다는 것이다. 그래서 그들은 가격이 싼 계정부터 '외국인 유령 팔로워 몇천 명 → 한국인 유령 팔로워 몇천 명 → 외국인·한국인 실제 팔로워'순으로 팔로워를 채운다.

그러나 이는 절대적으로 잘못된 생각이다. 그 이유는 첫째, 기본적으로 인스타그램이 이 가짜 계정들을 용납하지 않는다. 그래서 주기적으로 가짜 계정들을 정리한다. 그러면 굳이 돈을 들여 산 내 가짜 팔로워들은 계속 사라질 수밖에 없다. 또한 팔로워만 있고 '좋아요'나 댓글이 없는 계정은 오히려 더 빈약해 보일 수 있다. 팔로워는 1만~2만 명인데 '좋아요'는 20~30개밖에 없고 댓글도 하나 없는 계정을 생각해보면 충분히 이해가 갈 것이다.

둘째, 인스타그램은 내 계정의 팔로워를 늘리는 것도 중요하지만 우리 회사 또는 우리 브랜드의 콘텐츠를 고객들이 알아서 올려주는 것이 무엇보다 더 중요하다. 1만 팔로워보다도 고객들이 올려준 후기 1천 개가 수백 배 중요하다는 뜻이다.

셋째, 인스타그램의 인기게시물은 팔로워 대비 '좋아요'와 댓글 등의 활성화지수가 더 중요한데 팔로워만 많고 '좋아요'나 댓글이 없다면 의미가 없다. 그렇게 되면 그 상황을 극복하기 위해 '좋아요'를 또 사야만 하는 악순환이 이어지게 될 것이다.

브랜드 계정을 운영하는 데 팔로워 수는 당연히 중요할 수밖에 없다. 특히 회사에서 인스타그램 운영을 맡은 마케팅 직원이라면 상사나 회사 간부의 눈치가 보일 수 있다. 그러나 허울뿐인 숫자 늘리기는 계정에 전혀 도움이 되지 않는다. 차라리 주변에 알리거나 먼저 운영하고 있는 다른 채널에 알리고 회사의 홈페이지 또는 상세페이지, 오프라인 매장의 안내문을 통해서라도 고객에게 "우리 인스타그램 계정 있어요."라고 자연스럽게 홍보하는 것이 좋은 방법이다. 노출하는 방법은 생각보다 많다. 인스타그램 계정을 인스타그램 내에서만 홍보하려 하지 말고 다른 여러 채널, 상세페이지, 오프라인 등에서 열심히 홍보하는 것을 게을리하지 않는다면 충분히 가능하다. 무엇보다도 고객들과 소통할 수 있는 콘텐츠를 고민하는 것이 훨씬 중요하다는 것을 잊지 말자.

숫자는 숫자일 뿐 목숨 걸지 말자!

인스타그램
추천 사용자 되기

파트 2에서 언급했듯이 자신만의 콘셉트를 가지고 양질의 콘텐츠로 꾸준히 소통하며 인스타그램 계정을 운영하면 많은 팔로워를 얻게 될 것이다. 한 디바이스당 최대 10개 계정까지 운영할 수 있기 때문에 계정 하나를 한 가지 톤으로 색감을 맞추거나, 한 가지 주제를 가지고 운영한다면 인스타그램 추천 사용자가 될 확률이 높다.

인스타그램 최초 가입 시 그 사용자의 국가 또는 도시에서 활동하는 계정 중 독특한 콘셉트로 질 좋은 콘텐츠를 공유하는 모범적인 계정을 추천해주는데, 그 추천 계정이 바로 추천 사용자다. 필자도 인스타그램을 오랫동안 열심히 하긴 했지만 어떤 특정한 주제를 정하고 운영하지는 않았다. 그렇다면 필자는 어떻게 추천 사용자에 선정되었을까? 필자

▲ 추천 사용자 안내 DM과 그 당시 올렸던 사진들

의 삼촌이 미국으로 이민을 가시면서 두고 간, 필자의 나이만큼 오래된 장롱 속 필름카메라로 찍은 사진만 몇 달 동안 계속 공유한 적이 있다. 바로 이 사진들이 인기를 끌면서 추천 사용자로 선정되었다.

인스타그램 계정은 전 세계의 특별한 계정을 자주 소개한다. 사실 인스타그램 계정이야말로 진정한 커뮤니티 계정이라고 봐도 무방하다. 그들이 직접 찍어서 올리는 콘텐츠가 손에 꼽을 정도이니까 말이다. 인스타그램에선 사진작가, 아티스트, 크리에이터 등 다양한 유저들을 소개하고 있으며 종종 한국인 유저들도 소개되기도 한다. 또한 매주 '#instaweekoninstagram' '#WeeklyFluff' '#WHP(주제)' 등의 해시태그를 통해 공모전처럼 진행해 선정하기도 한다.

사실 인스타그램 추천 사용자가 쉽게 되는 건 아니다. 다만 필자가 말하려는 포인트는 어떤 한 주제를 자신만의 시선과 콘셉트로 꾸준히 올린다면 많은 사람들의 인기를 받기도 하고 인스타그램 측으로부터 인정받는 날이 올지도 모른다는 것이다.

인플루언서란
무엇인가?

블로그가 인터넷 마케팅에서 중요한 역할을 하던 시절에는 파워블로거라는 단어가 있었다. 방문자 수가 많고 댓글도 많이 달리며 호응도가 높은 블로그를 운영하는 사람을 파워블로거라고 한다. 네이버에서는 지난 2003년부터 글 게재횟수, 내용, 방문자 수, 댓글 등을 따져 매년 수백 명의 파워블로거를 선정하기도 했다. 그런데 파워블로거를 자처하며 음식점 및 특정 업체에 소개해주는 명목으로 거액의 수수료를 요구하거나, 무료 시식 등을 요구하는 등 사회적인 물의를 일으키는 이들이 나타나기 시작했다. 일명 '파워블로거지(블로거와 거지의 합성어)'라는 불미스러운 단어까지 생기게 되면서 네이버는 관련 문제가 지속적으로 불거지자 2015년부터 공식적으로 파워블로거를 선정하지 않고 있다.

◌ 마케팅에 유용한 인플루언서

그렇다면 최근에 많이 언급하는 인플루언서는 무엇인가? '타인에게 영향을 미치거나 변화를 유도하는 사람'이라는 뜻으로, 최근 인스타그램, 유튜브, 페이스북 등 SNS에서 수십만 명 또는 수백만 명의 팬(팔로워)을 보유한 'SNS 유명인'을 말한다. 넓은 의미에서는 파워블로거 역시 인플루언서에 속한다고 볼 수 있다.

MBC 유명 예능 프로그램이었던 〈무한도전〉에서 국민 MC인 유재석이 놀이터에서 놀고 있는 어린아이에게 "나 누군지 알아요?"라고 물어보았다. 아이가 모른다고 대답하자 "가장 좋아하는 게 뭐냐?"라고 다시 되묻자 "도티(게임 유튜버 252만 구독자)"라고 대답한 장면은 많은 이들에게 놀라움을 안겨주었다. 이처럼 예전에는 TV 속에 나오는 연예인 또는 셀럽에 열광했다면, 현재의 10대들은 모바일로 접하는 1인미디어(크리에이터, 유튜버, 인스타그램 인플루언서 등), 즉 자신들과 소통해주는 사람들에게 열광하는 것이다.

이러한 유명 크리에이터를 관리하는 업체인 기획사를 보통 MCN(Multi Channel Network; 다중 채널 네트워크)이라고 부른다. 국내에서 가장 유명한 곳은 CJ E&M으로, 2013년부터 크리에이터그룹이라는 것을 운영하다가 2015년 '다이아TV'로 변경해서 활발하게 운영 중이며, 국내 MCN 업계의 선두를 달리고 있다. 구독자 10만 명 이상의 크리에이터가 300명이 넘으며, 2018년 4월 말 기준 총 구독자 수가 1억 6천만 명을 돌파했다고 발표했다. 또한 위에서 언급한 도티가 직접 운영하는 샌드박스에서는 유병재, 카피추(추대엽) 등 연예인을 영입하는 일까지 일어나고 있다.

　이런 MCN 업체 이외에도 수많은 인플루언서 플랫폼이 생겨났다. 인플루언서 플랫폼이란, 인플루언서들을 통해 자사의 제품 및 서비스를 제공하거나 수수료를 지급하는 중간 역할을 해주는 회사를 말한다. 인플루언서의 영향력이 커지면서 그러한 인플루언서들에게 자사의 제품을 제공하고 홍보하는 방식이다. 그런데 일일이 인플루언서를 찾기도 쉽지 않으며 댓글이나 DM으로 연락하려고 해도 쉽지 않은 게 현실이다.

　필자는 인스타그램을 오래 하고 팔로워도 많다 보니 여러 업체에서 DM으로 자사의 제품을 무상으로 제공하겠다는 연락을 많이 받았다. 많은 업체에서 이러한 방법으로 팔로워가 많은 인플루언서에게 일일이 DM을 보내고 댓글을 달아서 인플루언서를 모집하려고 하지만, 정작 인플루언서는 DM을 잘 확인하지 않거나 답장을 보내지 않는 경우가 허다하다. 그 이유는 자기가 원하는 제품이 아니거나 본인 피드의 톤앤매너에 맞지 않다고 생각하기 때문이다. 그래서 그런 업체와 인플루언서를 연결해주는 인플루언서 플랫폼들이 생겨났고 크게 성장하기도 했다.

인플루언서 플랫폼은 무엇인가?

우리나라 최초의 인플루언서 플랫폼은 아마도 애드픽일 것이다. 애드픽은 '오늘만 무료' 앱을 소개해주던 앱 팟게이트를 운영하던 회사에서 출시한 마케팅 앱이다. 유명 페이지나 파워블로그 등의 마케팅 능력과 성과에 따라 실제 앱을 설치한 수만큼 수익을 배분하는 정책을 실시하고 있다. 그래서 현재도 앱 설치형, 동영상 재생형, 클릭형, 쇼핑형 등 실제 퍼포먼스에 따라서 인플루언서의 수익이 달라진다.

그러나 현재 다른 인플루언서 플랫폼은 애드픽과는 조금은 다른 형태로 진행되고 있다. 그중 한곳이 마켓잇이다. 마켓잇은 필자가 실제로 팔로우하는 분의 계정에서 발견하고 궁금해서 초기에 가입한 앱이다.

○ 인플루언서 플랫폼 1: 마켓잇

초창기 마켓잇은 유명 인플루언서에게 제품 또는 서비스를 제공해 사진 또는 영상으로 홍보하게끔 할 뿐만 아니라 계정마다 판매사이트를 연동해서 직접 판매까지 하고 수익금을 셰어하는 서비스로 시작했다. 그러나 현재 그 서비스는 접은 상태다.

마켓잇은 인스타그램 계정 기반으로 시작했으며 팔로워 1천 팔로워 이상이면 가입할 수 있다. 실제로 가입을 하면 마켓잇에서 내 계정을 확인한 후에 가입시켜준다. 마켓잇 애즈를 통해 광고주로 가입하면 가입한 계정의 자세한 정보를 볼 수 있는데, 마켓잇의 계정 분석력은 상당히 정교하다.

인플루언서 계정의 팔로워 구성(국가, 성별, 연령대), 팔로워의 광고역량, 팔로워 증가 속도(이를 통해 팔로워 구입 여부를 알 수 있다.) 등까지 세세하게 파악할 수 있다. 광고주는 팔로워가 실제 사용자로 이루어진 인플루언서인지, 브랜드와 어울리는 계정인지 확인한 후 자사의 제품 홍보를 제안하게 된다.

▲ 마켓잇 앱 화면

그렇게 되면 인플루언서는 마켓잇 앱에서 나에게 어울리는 제품 또는 서비스 중에 선택해서 무

▲ 마켓잇 애즈(광고주) 화면(개인정보보호를 위해 계정별 분석은 불가능)

료 또는 최소한의 비용을 지불하고 내 계정에 기간 내에 광고주가 원하는 콘텐츠와 글, 해시태그 등을 업로드하고 연동하면 된다.

다만 다른 플랫폼처럼 수익금을 셰어해주는 경우가 많지 않고 제품 또는 서비스만 제공한다는 점이 팔로워가 많은 인플루언서 입장에서는 조금 아쉬울 수도 있을 것 같다. 그러나 광고주 입장에서는 그 어느 플랫폼보다 자세한 인플루언서 분석을 통해 브랜드에 맞는 정확한 인플루언서 매칭이 가능하고, 가짜 인플루언서를 어느 정도 가려낼 수도 있다는 장점이 있다.

○ 인플루언서 플랫폼 2: 픽업

앞서 살펴보았던 마켓잇은 인스타그램 인플루언서 플랫폼의 선두

주자라고 할 수 있으며 무엇보다 인플루언서 계정의 분석력이 뛰어나 광고주에게 편한 플랫폼이다. 다음에 살펴볼 업체는 픽업이다.

필자는 인플루언서 플랫폼에 관심이 많아 국내 여러 업체에 가입했다. 그러나 개인계정이 아닌 커뮤니티 계정이라서 광고, 홍보 느낌의 콘텐츠를 지양하다 보니 브랜디드 콘텐츠는 거의 업로드하지 않았다. 그러다 가입해놓은 픽업에서 캠페인에 초대되었다(일반적인 인플루언서 플랫폼에서는 광고주가 광고를 의뢰하는 제품 및 서비스를 캠페인이라고 부른다). 들어가보니 필자가 운영하는 계정과 잘 어울릴 만한 사진 인화 서비스였다.

다른 서비스 업체와 달리 픽업은 초반에 조금 복잡한 구조로 되어

▲ 픽업 앱 화면

있다. '광고주 캠페인 초대 → 인플루언서 캠페인 픽업(그래서 이름을 픽업이라고 지은 듯하다.) → 브랜디드 콘텐츠 및 가격 제안 → 광고주 구매 → 포스팅 검수 → 구매 확정'의 약간은 복잡한 과정으로 진행된다. 그래서 필자 또한 다른 플랫폼에 비해 접근하기가 어려웠고, 콘텐츠 가격에 기준이 없다 보니 가격을 정하기가 어려웠다. 그래도 다른 플랫폼처럼 제품이나 서비스만 제공하는 것보다는 매력이 있어서 콘텐츠를 제안하고 캠페인을 몇 건 진행해보았다.

픽업의 가장 큰 특징은 최소한의 가이드라인만 정해주고 나머지는 인플루언서의 톤앤매너 및 콘셉트를 존중해주며, 인플루언서의 콘텐츠 제작 역량을 믿는다는 것이다. 그렇기 때문에 필자 역시 수많은 플랫폼을 제쳐두고 픽업의 캠페인에 집중하게 된 것 같다.

인스타그램이든 유튜브든 인플루언서가 가장 신경 쓰는 것은 팔로워 및 구독자일 것이다. 그 팬들의 사랑과 관심으로 유명해졌기 때문에 그들이 눈살 찌푸릴 만한 뜬금없는 브랜디드 콘텐츠를 공유하기가 부담스러울 것이다. 물론 최근에는 오히려 크리에이터의 브랜디드 콘텐츠 PPL을 반겨주는 팬 또한 있다고는 한다.

앞서 설명한 마켓잇, 픽업 이외에도 미디언스, 태그바이, 브릭씨, 파인앳플, 공팔리터 또는 수많은 체험단 서비스를 제공하는 업체에서도 인플루언서 플랫폼을 운영 중이다.

인플루언서라면 본인의 톤앤매너를 해치지 않으면서 좋은 콘텐츠로 고객과 소통할 수 있는 플랫폼을 잘 선택해서 활용해보길 바란다. 광고주 입장에서는 체크하고 챙겨야 할 것들이 너무나 많고 복잡해 인플루언서 마케팅을 직접 진행하기가 어렵다. 소개한 앱 중에 자신의 제품을 인플루언서를 통해 SNS에 잘 홍보해줄 수 있는 곳에서 진행하는 것이 좋다. 여기서 하나 중요한 것은 업체를 선정할 때 그 업체의 인플루언서 숫자에 연연하지 말고 앞서 말한 업체처럼 데이터 분석을 정밀하게 해주는지, 양질의 콘텐츠가 만들어질 수 있는 플랫폼인지를 먼저 염두에 두고 찾길 바란다. 많은 인플루언서들이 여러 플랫폼에 가입하는 경우가 많기 때문에 업체의 서비스 운영 역량을 잘 살펴보고 선택해야 한다.

EASY TO FOLLOW INSTAGRAM MARKETING

PART 4

좋은
콘텐츠
만들기

   •••

왜 사진이 중요한가?

인간에게는 자신이 보고 들은 것을 남에게 보여주고자 하는 욕구가 있다. 특히 남들이 다 아는 이야기가 아닌 자기만의 스토리를 남에게 보여주고자 하는 욕구는 더 크다. 그러한 출발점에서 시작한 것이 소셜 네트워크 서비스, 즉 SNS다. 한때는 트위터가 한창 유행이었다. 짧은 글이지만 자기만의 생각을 적고 남들에게 전달하며 영향력을 글로 펼치던 때가 있었다. 물론 지금도 예전만큼은 아니지만 글 잘 쓰는 사람이나 유명인에게는 유효한 SNS다. 그러나 아무래도 받아들이는 입장에서는 글을 읽는 것보단 사진 한 장이나 짧은 동영상을 보는 편이 속도 면에서나, 시간 대비 얻을 수 있는 정보의 양이 더 많다. 이제는 사진과 동영상의 시대라 할 만하다.

▲ 캐논 플레이샷

▲ 페이스북 페이지 '정말 폰카라니까요' 사진 공모전

▲ 아이폰 사진 어워드(iPhone Photography Awards)

한편 사진은 더 이상 일반 사진과 스마트폰 사진으로 구분되지 않는다. 이제는 웬만한 사진 공모전(특히 일반인 대상 공모전)에서 스마트폰을 제외하거나 따로 구분하지 않는다. 애플에선 매년 아이폰 사진 어워드를 진행하며, 필자가 매년 참가하고 있는 캐논의 플레이샷 공모전 역시 자사의 제품(카메라)이 아닌 스마트폰으로 찍은 사진도 공모할 수 있고 수상할 수도 있다. 이제는 값비싼 DSLR로 전문작가가 찍은 사진만 대접받지 않는다. 사진과 카메라의 귀천이 없어지고 평등해졌다. 값비싼 카메라가 없어도 괜찮다. 조금만 더 배우고 노력해서 사진을 찍는다면 자신의 사진과 콘텐츠가 본인의 브랜드 또는 존재를 알리는 데 크나큰 도움이 될 것이다.

Q 인스타그램의 주요 콘텐츠는 사진이다

전 세계에서 가장 많은 사람이 사용하는 SNS는 인스타그램의 모기업인 페이스북이다. 페이스북 역시 사진이나 동영상 콘텐츠를 공유할 수 있으며, 이미지나 영상 없이 글만 공유하는 경우도 있다. 그런데 페이스북은 어느새 개인의 일상을 공유하기보단 정보를 공유하는 채널로 자연스럽게 변화했다. 페이스북에 일상을 공유하도록 유도하고자 마크 주커버그 측에서 페이스북 페이지의 도달률을 떨어트리려는 시도를 한다는 소문도 나오고 있다. 이렇듯 같은 SNS라 할지라도 페이스북은 어느새 일상을 공유하는 채널에서 정보 공유를 위한 채널로 진화했다. 그로 인해 개인의 이미지나 영상보다는 뉴스나 정보의 링크를 공유하는 경우가 더 많다. 페이스북으로 비즈니스를 하는 많은 페이지들 역시 단순한 이미지의 공유가 아닌 정보성 카드뉴스 또는 동영상을 주로 올리고 있다.

이에 비해 인스타그램은 여전히 아름답고 감성적인 사진이나 동영상이 주를 이루고 있으며, 개인의 일상을 공유하는 경우가 훨씬 많다.

또한 인스타그램을 보는 가장 흔한 방법은 홈 피드에서 보는 것인데, 가볍게 넘기듯이 보면서(스낵컬쳐) 자신의 관심사 또는 친분이 있는 유저의 콘텐츠 또는 자신이 좋아하는 브랜드의 콘텐츠에서 한 번 멈추고 보게 된다. 이러한 현상을 이해해야만 브랜드의 비즈니스 계정도 잠재 고객이 피드에서 한 번이라도 눈길이 갈 만한 콘텐츠를 어떻게 생산해 낼지 고민할 수 있다. 물론 최근 들어서는 검색 탭을 통한 유입도 꽤 높은 편이다. 이 영역은 개개인이 팔로우한 유저 및 '좋아요'를 누른 사진들을 인스타그램이 분석해서 보여주기 때문에 사람마다 차이는 있다. 그러나 이 역시 검색 영역에서 보이는 썸네일의 역할이 가장 중요하다.

인스타그램은 여전히 사진 콘텐츠가 무엇보다 중요하다. 그렇다면 이제 어떤 사진이 좋은 사진이고, 어떻게 찍어야 인스타그램에서 통하는 콘텐츠를 만들어낼 수 있는지 알아보겠다.

세로 콘텐츠에
주목하라

스마트폰이 나오기 전에 '가로본능'이라는 휴대폰이 있었다. 30대 후반이라면 기억할지도 모르겠다. 예부터 TV나 극장 스크린 모두 가로였지만 피처폰만이 세로였다. 2004년 삼성에서는 '휴대전화는 세로'라는 고정관념을 깨는 휴대폰을 출시했다. 잠깐의 관심을 불러일으켰지만 스마트폰이 나오기 전까지 역시 모든 휴대폰은 세로였다. 스마트폰이 나온 이후에야 유튜브에서 동영상을 시청하거나 게임을 실행할 때 가로로 돌려서 사용하는 경우가 많아졌지만 여전히 평소에는 세로로 사용한다. 인터넷 쇼핑을 하거나 인스타그램, 페이스북 등 SNS를 할 때도 세로 중심이다. 그래서 이제는 그에 맞게 콘텐츠가 세로로 만들어지는 추세다.

그중 가장 주목받는 콘텐츠는 페이스북 콘텐츠 그룹 딩고의 '세상에서 가장 소름 돋는 라이브(세로라이브)'다. 이 페이스북 페이지는 딩고에서 운영하며, 유명 가수들의 라이브 콘텐츠를 공유한다. 직접 제작하는 주요 콘텐츠로는 스마트폰에 세로로 꽉 차는 세로라이브가 있는데, 해당 페이지는 무려 170만 명의 팬을 보유하고 있다.

다른 콘텐츠들은 작더라도 그냥 보거나 더 몰입하기 위해서 휴대폰을 가로로 볼 때가 있다. 그런데 세로라이브의 콘텐츠들은 기획부터 제작까지 세로로 만들어지기 때문에 휴대폰을 돌리지 않고도 몰입해서 동영상 시청이 가능하다. 이런 이유로 많은 사람들의 사랑을 받고 있다.

세상에서 가장 소름 돋는 라이브, 일반인들의 소름 돋는 라이브, 딩고 뮤직, 딩고 트래블 등으로 유명한 메이크어스는 국내 최대 콘텐츠 플랫폼으로, 모든 페이지의 구독자 수가 무려 2천만 명에 달한다. 최근

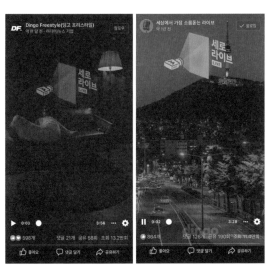

▲ 세로라이브의 라이브 장면

▲ 뉴스를 세로 영상으로 올리는 MBC와 JTBC

에는 MBC의 @mbc14f와 JTBC의 @_hey.news_ 뉴스 채널에서 IGTV 또는 페이스북을 활용해 세로로 꽉 찬 영상을 공유하고 있다. 두 채널은 뉴스 채널의 특징을 살려 아나운서 또는 기자 1명을 배치해 몰입감을 높일 수 있는 세로 플랫폼을 선택한 듯하다. 국내 콘텐츠의 유행을 선도하고 있는 회사들이 주목하고 있는 콘텐츠가 세로인 만큼 세로 콘텐츠에 더 관심을 가지고 기획 또는 제작을 생각해보는 것도 좋겠다.

○ 인스타그램에서도 세로가 유리할까?

인스타그램은 정방형의 사진을 공유하는 서비스였다. 인기가 많아진 이후에도 유저들이 인스타사이즈, 스퀘어레디 등 다른 서드파티(다른 기업의 주 기술을 이용한 파생상품을 생산하는 회사) 앱을 통해서 가로 또는 세로로 편집해 올리곤 했지만 한참을 정방형을 고집하며 인스타그램만의 정체성을 지키고자 했다. 그러다 2015년 8월경 많은 유저들의 요구를 받아들여 가로와 세로 사진을 모두 올릴 수 있게 되었다. 물론 아직도 썸네일에서는 정방형으로 보이긴 하지만 말이다.

　그렇다면 가로와 세로 중에 어떤 형태의 사진이 더 효율적일까? 필자는 확신컨대 세로가 더 좋다고 생각한다. 인스타그램을 접하는 가장 흔한 방식은 여전히 피드에서 아래로 내려서 보는 것이다. 아래로 스크롤하면서 보다가 예쁜 사진이나 콘텐츠에 끌려 조금 더 보거나 그 계정을 들어가보게 된다. 그런데 가로 사진은 세로 사진에 비해 손과 눈이 머무르는 시간이 1/2 수준밖에 안 된다. 어쩔 수 없이 가로 사진을 써

▲ @seoul_korea 계정에 올라왔던 세로 콘텐츠의 인사이트

▲ @seoul_korea 계정에 올라왔던 가로 콘텐츠의 인사이트

야 할 때를 제외하고는 세로 콘텐츠가 모바일에서 몰입감을 높이기에 최적이다. 실제로 그러한지 다음 인사이트를 보고 확인해보자.

필자가 운영하는 @seoul_korea 계정에 올라왔던 콘텐츠다. 비슷한 시기에 비슷한 주제(한복)로 사진을 업로드했다. 유저들은 가로 콘텐츠보다 세로 콘텐츠를 더 선호했다. 물론 사진이 같지 않기에 팔로워가 더 좋아하는 콘텐츠가 다를 수 있으니 아주 정확한 비교라고 볼 수는 없다. 하지만 만약 지금 인스타그램에서 이런 콘텐츠를 본다면 가로 사진과 세로 사진을 비교해 어떤 콘텐츠가 더 와닿는지를 생각해보길 바란다. 실제로 본인이 인스타그램 이용 시 세로와 가로 사진에 대한 반응이 어땠는지를 떠올려본다면 콘텐츠를 어떤 방향으로 만드는 게 유리할지 판단해볼 수 있다.

다시 한번 강조하지만 인스타그램에서 콘텐츠를 소비하는 가장 흔한 방법은 홈 피드에서 아래로 스크롤하면서 보는 방식이다. 여기서 조금이라도 이용자들의 엄지손가락을 멈추고 눈길을 사로잡기 위해선 첫 번째 사진(사진이 여러 장일 경우) 또는 썸네일(동영상일 경우)이 가장 중요하다. 그런데 세로 콘텐츠는 가로 콘텐츠에 비해 핸드폰에서 보이는 면이 거의 2배에 가깝다. 아무리 좋은 사진이라고 해도 세로 사진에 비해 가로 사진이 불리할 수밖에 없다. 그럼에도 불구하고 가로 사진을 올려야 한다면 차라리 정방형 사진을 올릴 것을 추천한다.

같은 사진이 아니므로 세로/가로에 의한 노출과 도달의 차이를 정확하게 측정할 수는 없지만 필자가 수년간 운영하면서 파악한 바로는 세로 콘텐츠가 확실히 노출, 도달, 반응 등이 높은 것을 확인할 수 있었다. 그리고 세로 콘텐츠의 가치를 증명하는 기능은 바로 인스타그램이 심혈을 기울이고 있는 '스토리'다. 인스타그램의 한계를 극복할 수 있어 좋은 반응을 얻고 있는 스토리 기능은 세로 콘텐츠에 적합하다. 스토리에 대해서는 뒤에서 더 자세히 다루겠다.

어떤 사진이
좋은 사진인가?

인스타그램은 사진을 공유하는 SNS로 시작해 지금은 동영상도 공유하고 이커머스 또는 기업 브랜딩까지 가능한 플랫폼으로 성장했다. 인스타그램에서는 그림을 그리거나 예술 활동을 하는 사람 역시 자신의 작품을 사진 또는 동영상으로 찍어서 공유한다. 즉 어떤 콘텐츠를 만들더라도 결국엔 카메라를 이용해 그 콘텐츠를 잘 담는 것이 중요하다.

인스타그램 유저 중에는 정말 유명한 사진작가도 있지만 그저 자신의 일상이나 창조적인 결과물을 공유하는 아마추어 작가들이 대부분일 것이다. 물론 좋은 카메라와 좋은 렌즈를 가지고 멋진 곳에서 훌륭한 모델을 찍는 프로 사진작가들이 인스타그램에서 팔로워도 많고, '좋아요'와 댓글을 많이 받아 유명해질 확률이 높은 건 사실이다. 그러나 사진 실력은 조금 뒤처질지 몰라도 자신만의 시선으로 꾸준히 콘텐츠를 공유하고 소통하며 성장하는 아마추어 작가들의 모습을 수없이 봐왔다.

Q 잘 찍은 사진 vs. 스토리가 있는 사진

좋은 사진이란 무엇일까? 다음 사진 중에서 더 좋은 사진은 무엇이라고 생각하는가? 좋은 사진은 잘 찍은 사진을 말하는 걸까? 아니면 다른 무언가가 있을까?

필자는 사진을 전공하지도 않았고 사진을 배운 적도 없다. 인스타그램을 하면서 좋은 사진, 예쁜 사진, 창의적인 사진을 많이 보고 찍고 공유하다 보니 사진 실력이 남들보다 조금 좋아졌다. 그러다 어느새 사진작가로도 활동해보고 인스타그램 강의도 하면서 사진에 대한 이야기도

▲ 둘 중 무엇이 더 좋은 사진이라고 할 수 있을까?

할 수 있는 수준이 되었다. 우리는 인스타그램을 통해 수많은 사직작가들의 작품을 매일매일 볼 수 있다. 어느새 그 사진들에서 좋은 사진에 대한 힌트를 얻고 있었는지도 모른다.

사진을 잘 찍으려면 좋은 카메라와 좋은 렌즈로 좋은 피사체(모델 또는 풍경)를 적절한 구도로 찍으면 된다. 그러나 좋은 카메라가 없을 수도 있고, 좋은 모델이 없을 수도 있으며, 좋은 풍경을 보기 위해 매번 멋진 곳으로 여행을 갈 수도 없다. 좋은 장비나 모델이 없어도 찰나의 순간을 잘 포착하고 스토리를 담은 사진도 좋은 사진이다. 또한 같은 소재라도 구도나 시선에 따라 상반된 느낌을 주기도 한다.

다음 두 사진은 모두 자전거를 찍었지만 왼쪽 사진은 역동적이며 댄스음아이 어울린 듯한 느낌이다. 반대로 오른쪽 사진은 움직이는 피사체임에도 불구하고 적절한 여백이 있어 정적이고 평화로우며 잔잔한 음악이 더 어울릴 것 같다. 이처럼 같은 피사체도 상반된 느낌으로 찍을 수 있다.

매년 캐논에서 캐논 플레이샷이라는 사진 응모전을 시행한다. 이 응모전에서는 서너 가지 주제를 주고 창의적인 시선으로 바라본 주변 풍

▲ 같은 주제로도 완전히 다른 느낌의 사진을 찍을 수 있다.

경을 찍은 사진을 뽑는다. 시상한 작품들을 보고 있으면 무릎을 탁 치게 하는 독특한 시선을 많이 느끼게 된다. 인스타그램을 조금만 오래 해봤거나 사진을 좀 찍어본 사람이라면 하찮아 보이는 잡초, 그림자, 돌까지도 의미 있게 보이는 순간이 온다. 이렇듯 자기만의 독특한 시선은 결국 인스타그램 계정의 콘셉트가 되어 남들과 구분 짓는 개성이자 무기가 되며 사랑받는 전략이 된다.

앞서 보여주었던 사진은 필자가 운영하는 계정에 같은 주제로 같은 시간 동안 공유했던 사진이다. 이 계정은 충성도가 높아 사진을 올리면 기본적으로 4천~1만 정도의 '좋아요'를 받기 때문에 '좋아요' 숫자는 어쩌면 큰 의미가 없을 수도 있다. 그런데 댓글 수를 보면 왼쪽 사진은 댓글이 76개인 반면, 오른쪽 사진은 댓글이 고작 8개 달렸다.

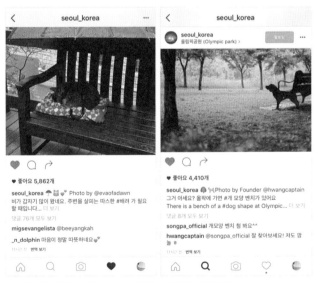

▲ 사진 찍는 도구나 기술보다 스토리와 소통이 더 중요하다.

오른쪽 사진은 필자가 좋은 카메라와 렌즈를 가지고 황금비율에 맞춰 나름 공들여 찍은 사진이다. 그런데도 스마트폰으로 대충 찍은 듯한 평범한 왼쪽 사진보다 반응이 좋지 않았다. 이를 통해 인스타그램이 단순히 잘 찍은 사진을 전시하는 공간이 아니라, 사진 속 스토리(비를 맞는 고양이가 안타까워 우산을 씌워놓은 모습)에 더 공감하고 소통하는 SNS라는 사실을 다시 한번 깨달았다.

뒤에서 사진 촬영의 기술적인 부분을 조금 다루긴 하겠지만, 촬영에 부담감을 느낄 필요가 없음을 보여주기 위해 이런 결과를 공개했다. 필자는 매일매일 사진을 공유하기도 하지만 다른 일반 아마추어 작가들의 사진을 커뮤니티 계정에 올리면서 그 결과(인사이트)를 매번 확인하고 있다. 그렇기 때문에 어떤 콘텐츠가 인스타그램에서 잘 통하는지를 조금은 객관적으로 잘 전달할 수 있는 것이다.

인스타그램과 사진은 학문이 아니다. 사진과 카메라를 공부하면 된다. 물론 예술적인 재능이 있다면 유리하지만 그렇지 않다고 기죽을 필요는 없다. 좋은 카메라와 렌즈가 중요한 게 아니라 사진을 찍는 작가의 시선과 메시지가 더 중요하기 때문이다.

앞에서도 말했듯이 좋은 사진이란, 좋은 카메라로 찍은 사진일 수도 있지만 아무리 좋은 카메라를 들고 있더라도 그 순간을 찍지 못하면 사진이 아니다. 그래서 가장 좋은 카메라는 가장 자주 들고 다니는 카메라이며 그것은 스마트폰이 될 수도 있다.

유명한 사진작가의 명언을 끝으로 좋은 사진에 대한 내용을 마무리하고자 한다.

"좋은 사진을 위한 법칙이란 없다. 단지 좋은 사진만 존재할 뿐이다."

_안셀 애덤스(Ansel Adams)

"지나간 것을 찍지는 못한다."

_카르티에 브레송(Cartier-Bresson)

스마트폰으로도
사진 잘 찍는 법

많은 사람들이 SNS에서 더 주목받기 위해 너도나도 DSLR 카메라를 장만했다가 잘 활용하지 않아 장롱 카메라가 된 경우가 많다. 더 좋은 콘텐츠를 만들겠다는 명목으로 카메라를 구입하지만 막상 조작이 어렵고 휴대하기가 불편해 여행을 간다거나 행사가 있는 날을 제외하고는 카메라를 챙기지 않는 게 일반적이다. 그러나 그날그날의 일상을 공유하는 인스타그램에서 카메라가 없다고 업로드를 게을리한다면 다른 사람들과 소통하고 팔로워들에게 사랑받을 수 있겠는가?

스마트폰의 가장 큰 장점은 휴대의 간편성, 조작 편의성, 다양한 앱 활용 등이다. 스마트폰의 카메라는 스마트폰 제조업체에서도 가장 중요하게 생각하는 기능이다 보니 카메라의 성능을 높이기 위해 노력하고 있으며, 출시 후에도 카메라의 기능 및 성능에 대해 대대적으로 홍보한다. 그런 만큼 스마트폰만으로도 좋은 사진을 찍을 수 있다. 실제로 스마트폰으로 찍은 사진으로 수많은 팔로워들의 사랑을 받는 계정들이 많다. 이와 더불어 스마트폰 사진 촬영법 및 앱 활용법에 대한 강의도 인기를 얻고 있다.

스마트폰 카메라는 고가의 DSLR 카메라처럼 조작 방법을 배우고 많이 찍고 연습해서 어느 정도의 수준까지 올려야 할 필요는 없지만 스마트폰 카메라도 엄연한 카메라다. 다만 사진에 대한 기본(구도 및 촬영 활용법 등)만 조금 익힌다면 누구나 멋진 사진작가가 될 수 있다. 그렇다면 스마트폰으로 사진을 찍을 때 중요한 체크사항으로는 무엇이 있을까?

Q 스마트폰으로 멋진 사진을 찍는 방법

1. 자세를 바로잡자

어떤 카메라든 사진을 찍을 때 가장 중요한 것은 빛이다. 빛이 부족하면 사진이 흔들릴 수밖에 없다. 사진을 찍는 카메라와 피사체 모두 움직이지 않아야 흔들리지 않는다. 다만 카메라를 활용할 경우 피사체를 일부러 움직이게 찍는 경우도 있다. 야경을 찍을 때 장노출을 활용해 빛의 궤적을 남기는 사진이다. 그러나 이런 사진을 찍을 때도 카메라는 삼각대 등으로 고정시켜야 한다.

일반적으로 스마트폰은 디지털카메라에 비해 야경에 더 취약하다.

빛이 없는 환경이라면 삼각대 등을 활용하거나 적어도 몸의 일부를 바닥이나 벽 또는 주변에 대고 움직이지 않게 찍는 것이 좋다. 조금 더 좋은 결과물을 얻고 싶다면 코텍스 캠(Cortex Cam) 등의 앱을 활용해 노이즈 없고 깔끔한 사진을 얻을 수 있다. 물론 이 앱을 활용하더라도 스마트폰이 움직인다면 좋은 결과물을 얻어낼 수 없다는 점을 명심하자.

2. 카메라 모드로 빠른 전환

스마트폰 카메라의 활용도가 높아지면서 잠금화면에서 카메라를 바로 열 수 있는 기능이 거의 모든 스마트폰에 생겼다. 스마트폰으로 찍는 이유는 찰나의 순간을 놓치지 않고 좋은 사진을 얻기 위함이다. 가급적 덮개 없는 케이스로 휴대폰을 보호하자. 폴더형 케이스처럼 사진을 찍기까지 많은 과정이 필요하다면 아무래도 사진을 찍는 데 시간이 훨씬 많이 소요되어 불편하다. 스마트폰 잠금화면에서 카메라로 바로 전환할 수 있는 방법 정도는 알아두길 바란다. 어떤 피사체에도 대비할 준비가 되어 있는 사람만이 멋진 사진을 빠르게 잡아낼 수 있다는 것을 기억하자.

3. 그리드(격자) 활용

모든 카메라 및 스마트폰 카메라에 있는 기능 중 하나인 그리드는 가로 두 줄, 세로 두 줄이 화면에 나타나는 것이다. 이 그리드를 잘 활용하는 것만으로도 수준급의 사진을 찍을 수 있다.

우선 수직과 수평을 맞추자. 최신 스마트폰은 사진을 찍은 후에 자동으로 수평을 맞춰주기도 하며, 다른 앱을 활용하거나, 인스타그램에 업로드할 때도 수평 맞추기는 가능하다. 그러나 찍은 후에 수평을 맞추다 보면 의도치 않게 옆의 피사체가 잘리는 경우가 생긴다. 찍을 때부터 최소한 수평과 수직만 맞춰도 기본 이상의 사진을 찍을 수 있다.

사실 그리드의 더 중요한 기능은 황금구도 설정에 있다. 가로 선과 세로 선이 만나는 4개 점 안에 피사체(모델일 경우 얼굴, 얼굴을 클로즈업할 때는 눈)를 넣으면 안정적인 사진이 완성된다. 풍경 사진도 그냥 풍경만 찍는 것보다는 풍경에 포인트가 될 만한 또 다른 피사체를 넣으면 덜 심심한 사진이 된다. 여기에 내가 찍을 사람을 배치하거나, 예시 사진처럼 풍경을 찍으면서 지나가는 사람이 선과 선이 만나는 지점에 도착하는 순간을 포착하면 멋진 사진이 완성된다.

하지만 사진을 찍을 때 이 그리드를 맞추지 못하는 경우도 생길 수 있다. 그럴 때는 인스타그램에 업로드하면서 나타나는 그리드를 이용하면 된다. 사진을 선택한 후에 두 손가락으로 조정하면 그리드가 생긴

▲ 그리드를 이용해 황금구도 맞추기

▲ 인스타그램 그리드와 각도 조정 기능

다. 또는 다음 사진처럼 필터가 아닌 수정 탭에 조정 탭이 따로 있다.

조정 탭에서도 그리드로 조정이 가능하다. 여기선 일반적으로 9등분된 그리드 이외에 더 작은 그리드를 선택할 수 있으며, 각도 조정을 통해 수평을 조정할 수도 있고 상하시점 및 좌우시점 보정도 가능하다. 인스타그램 앱 내에도 꽤 많은 보정 기능이 있으니 하나하나 만져보며 둘러보길 바란다.

4. 렌즈의 청결 유지

카메라는 렌즈 캡이 항상 씌워져 있으며 촬영 시에도 일반적으로 렌즈 후드를 장착한 상태에서 촬영에 임하다 보니 렌즈에 이물질이 묻는 경우가 생각보다 많지 않다. 반면 스마트폰은 렌즈 캡도 없으며 카메라

렌즈가 본체보다 튀어나오는 일명 '카툭튀' 렌즈다. 또한 스마트폰은 주머니에 들락날락하면서, 책상 위에 놓으면서, 손으로 집으면서 수많은 먼지와 지문이 묻게 마련이다. 스마트폰 카메라로 사진을 찍기 전에 손수건 또는 옷으로라도 닦는 습관을 들인다면 뿌옇지 않고 깔끔한 사진을 찍을 수 있다.

5. 수동 초점/노출 고정(AF/AE 잠금)

스마트폰은 필름카메라 또는 디지털카메라보다 조작이 편하다. 하지만 누구나 쉽게 찍을 수 있다는 것은 원하는 대로 찍기는 조금 어렵다는 말이기도 하다. 특히 스마트폰 카메라의 경우 빠른 촬영을 위해서 오토포커싱이 자동으로 설정되어 있다. 이로 인해 빠른 촬영은 가능하지만 원하는 느낌의 사진을 찍을 수 없는 경우가 생길 수 있다.

오토포커싱은 일반적으로 가장 앞에 있는 피사체에 초점을 맞추고 그에 따라 사진 전체의 노출이 자동으로 조정된 상태에서 촬영된다. 그렇기 때문에 다른 쪽에 초점을 맞추고 싶은데 제대로 안 되는 경우가 있을 수 있다. 이럴 때는 많은 사람들이 아는 대로 초점을 맞추고 싶은 곳에 손가락을 가져다 대는 것만으로도 초점 변경이 가능하다. 또한 초점을 맞출 곳을 길게 누르면 초점과 노출이 고정된다. 이 기능은 카메라에서 많이 사용하는 반셔터 기능이라고 생각하면 된다. 노출과 초점이 고정되면 스마트폰이 아무리 움직여도 초점이 나가지 않으며 사진 전체의 노출도 변하지 않는다. 수동 초점으로 다른 느낌의 사진을 찍는 연습을 해보자.

○ 스마트폰만으로 좋은 콘텐츠를 올리는 사례

실제로 스마트폰만으로 멋진 사진을 찍어 올리는 계정을 알아보겠다. @ryufill_foto는 최근에 인기 급부상 중인 작가다. 이 작가는 취미로 하던 인스타그램을 인플루언서로 키워보기 위해 인스타그램 채널을 공부하고 사진을 연구했다. 대부분의 사진은 아이폰으로 찍으며 라이트룸 또는 인스타그램 자체 보정을 해서 업로드 중이다. 특이한 점은 사진이 예쁘게 나오는 장소, 사진 찍는 꿀팁, 보정 팁 등 본인이 연구했던 노하우를 팔로워들에게 알려준다는 점이다.

많은 사람들이 인스타그램을 하려면 본인이 잘생기고 예쁘거나 사

▲ @ryufill_foto 계정의 색감이 남다른 사진

진을 잘 찍어야 한다고 생각한다. 그러나 실제로 그런 이유만으로 팔로우하지는 않는다. 이 계정을 팔로우함으로써 무엇을 얻을 수 있을지를 생각한다. 브랜드 계정을 팔로우할 때도 마찬가지다. 사진 안에 좋아하는 정보가 숨어 있어야 한다. 패션 브랜드라면 그 브랜드가 은근슬쩍 알려주는 코디법이라든가, 음식을 만드는 계정이라면 요리 만드는 레시피 정보, 사진을 잘 찍는 계정이라면 어느 장소에서 어떻게 하면 잘 찍을 것인가가 궁금해서 팔로우하게 될 것이다.

그런데 이 작가는 사진에서 보여주는 것뿐만 아니라 아예 가감 없이 마지막 사진에 메모장으로 노하우를 공개하는 식으로 운영하고 있다. 그러다 보니 사람들이 '좋아요'만 누르는 것이 아니라 친구를 태그하고 저장하는 행동까지 하게 된다.

최근에 뜨는 콘텐츠나 계정은 둘러보기 탭에 많이 노출되는 계정이다. 둘러보기 탭의 알고리즘은 내가 '좋아요'를 눌렀던 사진, 팔로우하는 계정, 저장했던 사진 기반으로 인스타그램의 빅데이터를 통해 노출시켜준다. 그러므로 팔로워들의 '좋아요' 및 저장하는 횟수가 그들의 팔로워에게 또 영향을 미쳐서 자꾸 둘러보기 탭에 나타나게 된다. 즉 사진 또는 영상 콘텐츠가 친구를 태그하고 '좋아요'를 누르고 저장할 만큼 매력이 있거나, 나중에 다시 보기 위해 이미지나 글 속에 유익한 정보가 들어가 있어야 유리하다는 것이다.

자, 우리는 언제까지 장비 탓을 할 것인가. 여러분도 지금 손에 쥐고 있는 그 스마트폰으로 충분히 멋진 사진을 찍을 수 있고 충분히 유명한 인플루언서가 될 수 있다. 어떻게 하면 내 팔로워와 잠재 팔로워들에게 매력적인 콘텐츠를 제공할지 고민해보자.

인스타그램 전문가가 추천하는 사진 앱

○ VSCO

인스타그램 유저들에게 가장 핫하고 유명한 필터 앱이 VSCO다. 인스타그램 공식계정도 424만 팔로워나 되며 '#vscocam' 해시태그가 달린 콘텐츠만도 무려 2억 개가 넘는다.

VSCO는 사진작가들이 주로 사용하는 일종의 프리셋(어도비 라이트룸 프로그램 사용 시 자주 사용하는 편집의 노출, 보정 등의 값을 미리 설정해놓는 것)을 적용해 편집해주는 앱이다. 앱 자체는 무료지만 유료 프리셋, 번들 프리셋, 특별 프리셋(브랜드와 협업하거나 특별한 날에 출시된다. 예를 들어 나이키, 리바이스, 하입비스트, WWF 등과 컬래버레이션을 했다.) 등이 있다.

아래 사진들은 필자가 아이폰 또는 미러리스 카메라(소니 A7)로 찍은 후 다른 사진작가들처럼 포토샵이나 라이트룸이 아닌 스마트폰 앱 VSCO만으로 편집한 사진이다. 필터의 종류에 따라 깨끗한 느낌(S1~S6 Clean)을 주기도 하고, 아날로그적인 느낌을 주기도 하며(A4~A6 Analog), 마지막 사진 (G1~G3 Portrait)처럼 인물에 집중할 수 있게끔 멋지게 편집해준다. 인그타그램의 감성을 잘 나타내는 필터 앱이니 꼭 설치해 사용해보기 바란다.

▲ 인스타그램 유저들이 가장 많이 사용하는 필터 앱 VSCO의 계정

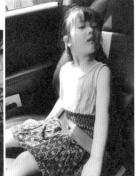

▲ 필자가 직접 찍어 VSCO만으로 편집한 사진

○ 스냅시드

우리가 흔히 '뽀샵'이라고 부르는 사진 보정의 최고 프로그램은 PC 생태계에는 어도비(Adobe) 사가 만든 포토샵과 라이트룸(LightRoom) 이 있다. 그러나 모바일에서는 스냅시드(Snapseed)가 있다.

이 앱의 특징은 단순하고 직관적인 UI를 가지고 있으면서도 사진 으로 할 수 있는 모든 편집 기능이 다 들어 있다는 것이다. 사진에 대 해 조금만 아는 사람이라면 노출, 색감, 채도, 대비, 밝기 등의 조정과 잡티 제거처럼 포토샵에서 할 수 있는 세밀한 작업은 물론, 필터를 적 용해 극적인 표현도 가능하다. 게다가 이러한 고품질의 앱이 무료다. 이 앱은 원래는 애플 앱스토어의 유료 앱이었으나 구글이 인수하면서 무료로 풀고 안드로이드에도 배포 했다. 물론 포토샵과 라이트룸 또 한 무료 앱으로 나와 있긴 하지만 조작이 좀 더 복잡해 초보자에게는 어려울 수 있다. 비전문가도 전문가 수준으로 만들어주는 스냅시드를 당장 다운로드하자.

스냅시드의 사용 방법은 아주 간 편하다. 우선 사진을 불러오기 한다. 그리고 모든 사진 앱처럼 스타일 필 터가 있다. 필터는 취향에 따라 적용 해도 되고 안 해도 된다. 스타일을

▲ 스냅시드에서 대비 조정하기

결정한 후에 수많은 도구를 이용해 사진을 보정한다. 도구 중에서 한 가지를 선택하면 그다음엔 엄지손가락 하나만 가지고 편집이 가능하다.

세로는 메뉴, 가로는 도구의 강약 조정이다. 도구마다 밝기, 대비, 채도 등의 메뉴가 있다. 메뉴를 선택한 후 사진에 손가락을 대고 오른쪽으로 스와이프하면 +로 변하며 강도가 강해지고, 왼쪽으로 스와이프하면 −로 변하며 강도가 약해진다.

유용한 잡티 제거 기능

이번에는 조금 재미있는 기능을 소개하겠다. 바로 잡티 제거 기능이다. 보통은 렌즈에 묻은 잡티를 제거하기 위해 사용하지만 너무 큰 피사체가 아닌 이상 사진에서처럼 감쪽같이 없앨 수 있다. 잡티 제거 도구를 선택한 후 원하는 피사체를 살짝 누르기만 하면 날아가는 새 몇

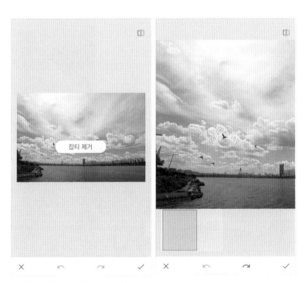

▲ 스냅시드 앱의 유용한 잡티 제거 기능

▲ 잡티 제거 기능을 사용하기 전과 후 사진

마리 정도는 그 자리에서 바로 없앨 수도 있다.

필자가 찍은 한강 사진을 스냅시드만을 이용해 편집해보았다. 모바일 앱만으로 날아가는 새를 없애고, 색감·채도·대비·선명도 등 사진의 모든 편집을 이렇게 쉽게 편집할 수 있는 앱은 스냅시드가 가히 최고라고 생각한다. 앞서 소개한 VSCO는 인스타그램의 감성을 건드리는 필터 느낌의 앱이라면, 스냅시드는 필터보다는 사진의 기본 보정에 충실한 모바일의 포토샵이다. 손가락

▲ 스냅시드로 손쉽게 보정한 사진들

터치 몇 번만으로 풍경 사진에 극적인 표현이 가능하며, 스마트폰 카메라와 스냅시드만 있으면 구름 아이스크림 사진도 만들 수 있다.

Q 하이퍼랩스

카메라에 타임랩스(time lapse)라는 기능이 있다. 사전적 의미로는 '영상 빨리 돌리기'다. 그림자나 구름, 별, 야경 등은 움직임이 거의 보이지 않는 심심한 그림이지만 빨리 돌리면 그 움직임이 극적으로 드러나 강한 인상을 줄 수 있다. 시간의 흐름을 압축해 표현하는 영상기법이다.

tvN 예능 프로그램 〈윤식당 2〉에서 이러한 타임랩스 촬영기법이 방송을 타면서 화제가 되었다. 위에서 말한 대로 일정 시간 동안 피사체를 촬영한 후 영상을 빠르게 재생한다. 사람이 있는 부분과 같이 특정한 영역에만 초점을 맞추고 나머지를 흐리게 틸트 시프트(Tilt Shift) 처리하면 미니어처들이 움직이는 듯한 동화 같은 연출이 가능하다.

최근에는 이를 휴대폰으로도 구현할 수 있다. 아이폰4S(iOS8)부터 타임랩스 비디오가 가능했다. 동영상 촬영 중 타임랩스 기능으로 스마트폰을 거치한 후 일정 시간 동안 비디오를 찍으면, 내셔널지오그래픽 같은 곳에서만 볼 수 있던 구름의 이동 장면, 일출, 일몰 등의 자연 다큐를 휴대폰으로 찍을 수 있다. 다만 이 타임랩스의 단점이 하나 있다면 내가 찍는 영상이 어느 정도의 빠르기로 압축되어 어느 정도의 시간으로 재생될지 가늠하기가 어렵다는 점이다. 3~5분 동안 한참 들고 촬영을 해도 결과물은 10~15초 만에 끝나 허무할 때도 있다.

▲ 타임랩스 기능을 쉽게 사용할 수 있는 하이퍼랩스

그러나 인스타그램에서 출시한 하이퍼랩스(Hyperlapse)를 사용하면 내가 촬영하는 영상이 몇 초로 압축되어 재생될지 실시간으로 보이며, 촬영 후에도 2배에서 최대 12배속으로 조정이 가능하다. 현재는 웬만한 스마트폰에 이러한 기능이 기본적으로 탑재되어 있지만, 하이퍼랩스를 포함해 인스타그램에서 제작한 부메랑(Boomerang), 레이아웃(Layout) 등 모든 앱이 누구나 쉽게 사용할 수 있도록 상당히 직관적인 UI를 갖고 있어 이용이 편리하다.

그렇다면 하이퍼랩스를 인스타그램 콘텐츠에 어떻게 녹여낼 수 있을까? 자연 현상을 멋지게 표현하거나 사람이 지나가는 장면을 찍을 수도 있겠지만 자신이 운영하는 계정의 성격에 따라 활용할 수 있는 방법은 많다. 그림을 그리는 작가나 작품을 만드는 아티스트라면 거치대에 핸드폰을 놓고 작품이 탄생하는 과정을 짧게 압축해서 표현할 수 있다. 영상에 어울리는 음악이 추가된다면 더할 나위 없을 것이다. 음식을 주제로 하는 계정인 경우 음식을 준비하고 만드는 과정을 촬영하고 편집해 공유한다면 매번 결과물만 보이던 심심한 피드에 활력을 불어넣을

수도 있다. 생각보다 촬영법이 어렵지 않으니 부담을 덜고 꼭 시도해보
길 바란다. 단, 휴대폰 거치대는 필수!

🔍 부메랑

인스타그램에서 만든 두 번째 앱 부메랑은 일상을 포착한 사진을 하
나로 합쳐 재미있는 미니 동영상으로 만들 수 있는 앱이다.

부메랑 앱 역시 인스타그램이 직접 개발한 만큼 사용하기 쉬운 UI
를 제공한다. 하단에 있는 촬영 버튼을 누르기만 하면 녹화가 시작되
는데, 실제로는 녹화가 아닌 10장의 사진을 연속으로 찍어 1초짜리
GIF(Graphics Interchange Format; 이미지의 전송을 빠르게 하기 위해 압축
저장하는 방식) 영상을 만들어준다. 원할 경우 최대 4초까지 가능하다.

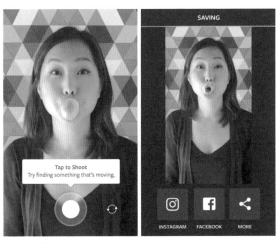

▲ GIF 형식 콘텐츠를 만들 수 있는 부메랑 앱

예를 들어 부메랑 앱을 이용해 물속에 뛰어드는 장면을 촬영하면 그 순간의 모습을 10장의 사진으로 연속 촬영해 '움짤'로 만들어주는데, 그 장면을 계속 반복해서 보여준다. 즉 물속에 뛰어들었다 나왔다 뛰어들었다 나왔다 하는 듯한 영상이 쉽게 만들어진다.

인스타그램에서 만든 레이아웃, 하이퍼랩스, 부메랑 등의 앱을 통해서 조금은 색다르고 창조적인 콘텐츠를 만들어 공유한다면 내 팔로워들에게 더 좋은 반응을 이끌어낼 수 있을 것이다.

비바비디오

최근에 스마트폰으로 동영상을 편집할 수 있는 앱이 많이 출시되고 있다. 그중에서 가장 오래되었으면서도 꾸준한 업데이트로 2억 명이 사용 중인 비바비디오를 소개하겠다. 아마 이 책을 보고 있는 독자들 중에서도 비디오 오른쪽 하단에서 'VivaVideo'라는 워터마크를 본 사람이 있을 것이다. 사진 또는 동영상 편집 앱들이 출시 때부터 유료로 판매하는 경우가 있는가 하면, 최소한의 기능을 제공하고 워터마크를 삽입해 무료로 판매 후 워터마크를 제거하거나 더 많은 기능을 넣어서 유료 결제로 유도하는 경우도 있다. 비바비디오는 후자에 속한다.

필자 또한 무료로 사용하다가 워터마크를 없애고 싶기도 했고 더 많은 기능을 이용해보고자 유료로 결제했다. 비바비디오는 모바일로 할 수 있는 웬만한 동영상 편집 기능이 다 들어가 있다. 그중에서도 가장 중요한 기능을 몇 가지 짚어보겠다.

▲ 비바비디오의 메인 화면, 자막 및 로고 스티커 삽입 화면

1. 자막 삽입 기능

비바비디오 첫 화면이다. 찍어놓은 영상을 편집할 때는 바로 '편집' 버튼을 클릭한다. 이후에 편집 화면이 나오면 클립 편집을 통해서 동영상을 자르거나 붙이고 동영상의 길이를 편집할 수 있다. 또한 필터를 적용하거나 음악을 삽입할 수도 있고, 장면전환, 사운드, 스티커 및 사진 삽입 등 많은 기능이 있다.

그중에서 네 번째에 있는 '텍스트와 Fx' 버튼을 누르면 동영상에 자막을 넣을 수 있다. 동영상에 나타나는 '클릭하여 텍스트 추가하기'라고 쓰여 있는 텍스트박스에 원하는 자막을 넣으면 가장 먼저 PPT에서 활용하는 것과 같은 글의 애니메이션 효과가 나타난다. 그중에 한 가지 효과를 선택한 후 폰트를 정할 수 있다. 비바비디오는 국내 개발업체가 만든 앱이 아닌데도 서울폰트, 배달의민족체, 나눔체 등 약 30개 정도의 한글폰트도 다운로드해 사용할 수 있다. 물론 무료 버전은 폰트 개수에 제한이 있을 수 있으니 사용 전에 확인해보길 바란다.

최근에는 동의를 구하고 다른 사람의 콘텐츠를 받아서 새로운 콘텐츠로 제작하는 경우도 있다. 그러나 양해를 구하고 콘텐츠를 받았다고 하더라도 일반적으로는 원작자의 출처를 밝힌다. 페이스북 또는 인스타그램의 유명한 페이지나 계정에서도 그런 식으로 콘텐츠를 만드는 경우가 많은데, 그럴 때 유용하게 활용할 수 있는 SNS 로고 스티커도 있다. 예를 들어 인스타그램에서 콘텐츠를 받아서 재생산할 경우 앞의 사진에서처럼 인스타그램 로고를 원작자의 계정을 밝히는 데 활용하면 좋다.

반대로 내 콘텐츠가 무단도용당하는 것을 막을 수 있는 효과도 있다. 어렵게 찍고 노력을 들여 편집한 콘텐츠를 나도 모르게 누군가 몰래 퍼다 나르면 속상할 것이다. 이를 대비해 콘텐츠에 나만의 스티커를 삽입해놓으면 무단도용을 방지하는 좋은 방법이 된다.

2. 배경음악 삽입

영상 편집 시에 음악은 상당히 중요하다. 영상 편집 전문가들은 보통 음악을 먼저 생각해서 준비해두고 거기에 맞춰서 영상을 찍는 경우도 많다. 그러나 저작권이 중요해진 요즘엔 인스타그램이나 페이스북 등의 SNS에 음악이 삽입된 영상을 공유할 경우 저작권이 있는 음악을 함께 업로드하면 업로드 자체가 막히는 경우가 있다.

실제로 필자 역시 드라마 〈도깨비〉가 한창 유행할 당시, 눈이 오는 영상을 슬로우모션으로 예쁘게 찍어서 도깨비 OST 중 하나를 깔고 인

▲ 동영상에 배경음악을 선택해 넣을 수도 있다.

스타그램에 공유하려 했었다. 그러나 그 음원의 저작권 문제로 인해 자동으로 업로드를 제지당했다. 페이스북과 인스타그램 자체 AI 기능이 상당히 높은 수준이다. 그러한 저작권에 대한 제재를 무시한 채 반복적으로 업로드하는 경우 심하면 계정 자체가 막힐 수도 있기 때문에 주의가 필요하다. 그러나 비바비디오 앱에서는 자유롭게 활용 가능한 약 2천 곡 이상의 배경음악 음원이 제공된다.

동영상 편집 화면에서 '음악'을 선택하면 음악과 효과음이 장르별로 잘 정리되어 있다. 또한 핸드폰에 저장되어 있는 음악을 가져와서 편집할 수도 있다. 물론 직접 다운받은 음악이라고 해서 저작권이 해결된 음악이라고 볼 수는 없다. 비바비디오에 있는 음원일지라도 공유하는 SNS에 따라 업로드가 불가능한 음원이 있을 수도 있으니 업로드 전에 꼼꼼히 살펴야 한다.

○ 레이아웃

　인스타그램에 사진을 정방형으로 한 장만 올릴 수 있었을 때 사람들은 어떻게 하면 여러 사진을 한 번에 올릴 수 있을까 고민하곤 했다. 그래서 수많은 서드파티 사진 편집 앱을 통해서 여러 장의 사진을 한 장으로 편집해서 올리기도 했다.

　그러던 중 인스타그램에서 공식적으로 사진 여러 장을 콜라주할 수 있는 레이아웃 앱을 개발했다. 물론 이제는 여러 사진을 한 번에 슬라이드 방식으로 올릴 수 있게 되어서 예전만큼 활용도는 줄어들었지만 쉽게 활용할 수 있는 기능이 많다. 그냥 사진 여러 장을 짜깁기하는 것이 아니라, 인스타그램에서 통할 만한 감각적이고 작품 같은 사진 편집법을 공개하도록 하겠다.

▲ 레이아웃 앱의 레이아웃 설정 화면

레이아웃 앱은 우선 인스타그램 자체에서 사진을 올리는 과정에 바로 연동이 가능하게 되어 있다. 인스타그램 앱을 열고 가운데에 있는 업로드 버튼 "(+)"을 누르면 라이브러리에서 콘텐츠를 선택하는 화면이 나온다. 거기서 ∞ 버튼을 클릭하면 앞에서 설명한 부메랑 앱으로 넘어가게 된다. 그리고 격자 모양의 네모난 버튼을 클릭하면 레이아웃 앱으로 연동된다.

여러 장의 사진을 선택하면 사진에서처럼 여러 가지 레이아웃을 선택할 수 있다. 레이아웃 선택 후에는 원하는 사진을 다른 사진과 교체할 수도 있다. 원하는 사진을 손가락으로 선택해 다른 곳으로 드래그해서 옮기면 서로 위치가 뒤바뀐다.

다음 사진은 같은 사진을 특별하게 활용하는 방법이다. 같은 사진을 선택해 상하 또는 좌우로 배치한 다음, 나머지 사진 한 장을 상하반전 또는 좌우반전시킨다. 이렇게 간편하게 특별하고 예술적인 나만의 작품을 만들 수 있다.

▲ 레이아웃 앱에서 상하반전으로 특별한 효과를 주는 방법

▲ 다양한 레이아웃으로 기발한 사진을 올리는 @combophoto 계정

또한 비슷하게 어울리는 사진을 활용하는 방법도 있다. Stephen mcmennamy라는 사진작가의 인스타그램 아이디가 @combophoto 다. 아이디에서 짐작할 수 있듯이 모든 사진을 절묘하게 합쳐서 표현하고 있다. 물론 이 작가가 평소에 레이아웃 앱을 쓰는지 다른 사진 툴을 사용하는지 알 수는 없지만 그의 아이디어는 레이아웃 앱을 통해 표현할 수 있는 좋은 예다.

이러한 교차편집 레이아웃의 기법이 광고에 사용되기도 했다. 바로 LG전자의 광고다. 인스타그램에서 비슷한 레이아웃의 광고를 선보인 적도 있고, 평창동계올림픽에서 활약했던 컬링 국가대표와 LG전자 청소기를 절묘하게 동영상에 편집해 주목을 받았다. 물론 이 광고는 영상을 편집한 콘텐츠지만, 레이아웃 앱을 이용해 조금은 손쉽게 특별한 콘텐츠를 만들어보는 건 어떨까?

▲ 청소기와 컬링과 절묘하게 편집한 LG전자 광고

Q 캔바

가장 마지막으로 소개할 앱은 캔바(Canva)다. 인스타그램 편집 시 정말 유용하게 활용할 수 있는 툴이다. 앞에서 많은 앱들을 소개했지만 결국 인스타그램이 제시하는 적정 사이즈(최소 사이즈)에 맞게 업로드를 해야 한다. 그렇지 않을 경우 보기에도 좋지 않을뿐더러 화소가 떨어지면 게시물 업로드 후 광고를 돌릴 수도 없게 된다.

그럼 캔바 앱을 소개하기에 앞서 인스타그램 업로드 시 적정 사이즈에 대한 정리를 먼저 하겠다.

정방형 이미지(1,080×1,080)

세로형 이미지(1,080×1,350)

가로형 이미지(1,080×566)

스토리 이미지(1,080×1,920)

(가로×세로, 단위: 픽셀)

PC에서 포토샵으로 이미지 작업을 하는 게 아닌 이상 모바일에서 일반인이 크기를 체크해서 올리기는 쉽지 않다. 이러한 불편함을 해소해주는 앱이 바로 캔바다. 이 툴은 모바일 앱도 있고 PC 사이트도 있으며 사이트에서 가입하면 앱과 동기화도 가능하다.

특히 캔바는 인스타그램 사이즈뿐만 아니라 페이스북 피드, 페이스북 커버, 포스터, 전단지, 초대장, 카드, 핀터레스트, 트위터, 유튜브 채널아트 등 다양한 사이즈의 템플릿 콘텐츠를 바로 만들 수 있으며, 5만 개가 넘는 템플릿 디자인이 있다. 물론 템플릿 중에서는 유료로 결제해야 하는 것도 있지만 무료 템플릿 중에서도 충분히 활용 가능한 것들이 많다.

그럼 캔바를 통해 어떻게 콘텐츠를 만드는지 살펴보도록 하겠다. 캔바 앱을 연 다음 위쪽에 있는 인스타그램 또는 스토리 등 자신이 원하는 디자인을 선택한다. 홈에서 원하는 형태의 템플릿을 선택하고 나서 빈 템플릿 또는 디자인을 고른다(갤러리 또는 무료 이미지). 사진을 고르고 (+) 버튼을 눌러서 텍스트를 삽입한다. 텍스트를 삽입한 후 글꼴을 선택한다.

이미지 편집을 완료하면 폰에 저장 또는 인스타그램 및 다른 SNS에

▲ 캔바 앱의 템플릿 디자인 적용과 텍스트 삽입 화면

바로 공유할 수 있다. 인스타그램에서는 글이나 디자인이 많이 안 들어가는 것이 개인적으로는 더 좋게 보이지만, 최근에는 감성적인 문구 또는 카드뉴스 형식으로 풀어내는 경우도 많으니 잘 활용해보기 바란다.

작지만 중요한
인스타그램 글쓰기

인스타그램은 이미지 중심의 SNS다. 그래서 필자를 포함한 모든 인스타그램 전문가는 사진과 동영상을 중요하게 다룬다. 하지만 그렇다 해도 소통이 중요한 만큼 글도 중요하다. 물론 무조건 길게 쓴다고 팔로워들이 글을 끝까지 다 읽진 않는다. 피드에서 볼 때는 아이디 옆의 한 줄과 다음 한 줄 그리고 "… 더보기" 이런 식으로 접힌 상태로 보인다. 즉 인스타그램에서 글이 중요한 것은 맞지만 피드에서 상대방의 손가락을 멈추고 글을 읽게 하려면 피드에서 보이는 이미지가 그 무엇보다도 중요하단 이야기다.

그렇다면 팔로워 또는 잠재고객이 우리의 글을 좀 더 잘 볼 수 있게 하는 효과적인 글쓰기 방법은 무엇일까?

○ 효과적으로 글 쓰는 방법

1. 이모티콘을 활용하라

인스타그램 글 작성 시 이모티콘을 사용하면 노출 및 도달이 높아
진다는 사실은 많은 보고서를 통해 실제로 밝혀진 내용이다. 소셜미디
어 분석회사인 퀸틀리(Quintly)에 따르면 인스타그램의 모든 게시물 중
57%에 해당하는 게시물에 이모티콘이 사용되고 있다고 밝혔다. 이 회
사의 분석에서 흥미로운 점은 팔로워가 많은 계정일수록 프로필에 이
모티콘을 사용하는 경향이 높다는 것이다. 1천 명 이하 팔로워의 계정
은 24%가 이모티콘을 사용하는 반면 100만 명 이상의 팔로워를 가진
계정은 83%가 이모티콘을 사용했다.

다음에 나올 사진은 필자의 회사계정, 커뮤니티 계정, 외국 유명 계
정이다. 프로필에 이모티콘을 사용할 경우 좀 더 가독성이 좋기도 하고
친근한 이미지를 줄 수 있다. 글을 작성할 때도 맨 처음 또는 중간중간

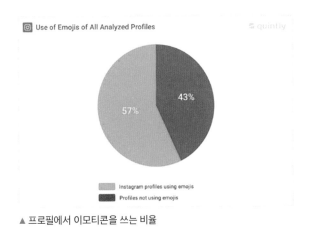

▲ 프로필에서 이모티콘을 쓰는 비율

▲ 필자의 개인계정, 회사계정, 커뮤니티 계정, 외국 유명 계정

에 포인트로 한두 개의 이모티콘을 사용함으로써 팔로워들에게 좀 더 편안하게 다가갈 수 있다.

2. 글 중간에도 해시태그로 강조하는 글을 써라

해시태그는 앞서도 말했듯 분류, 검색이 중요하지만 강조의 기능도 한다. 글 중간 또는 맨 앞, 맨 마지막에 사용하면 본인이 표현하고자 하는 글의 주요 포인트로 사용할 수가 있다. # 뒤에 단어를 붙여 '#해시태그'를 사용할 경우 글이 파랗게 변하면서 글을 읽는 중간에 시선을 한 번 더 받게 되고 상대방으로 하여금 중요한 글임을 파악하게 한다. 또한 마지막에 '#해시태그_쓸_경우_반전느낌_가능'하다. 가장 대표적인 사례는 개그맨 김재우의 '#남자의 길' 시리즈가 아닐까 한다. 평범한 (?) 일상 사진을 공유하면서도 마지막 해시태그가 글에 반전의 재미를 더한다.

해시태그는 게시글과 댓글을 포함해 최대 30개까지 달 수 있다. 팔로워에게 보여주고 싶은 해시태그는 본문에 다는 것이 좋다. 팔로워를 늘리기 위한 검색용 태그(#맞팔, #선팔하면맞팔, #맞팔100 #f4f 등), 조금은 없어 보이거나 지저분한 해시태그는 댓글에 다는 것을 추천한다.

▲ 반전 글로 재미를 더한 개그맨 김재우의 계정

3. 줄 바꾸기는 이제 필수

인스타그램에서 글을 쓸 때 줄 바꾸기는 예전부터 잘 되지 않았고 지금도 잘 되지 않는다. 그러나 유저 입장에서 좀 더 깔끔하게 쓰고자 줄 바꾸기를 위한 많은 방법을 사용한다. 가장 대중적인 방법은 빈 줄 사이에 마침표 또는 언더바 등을 추가하는 방법이다.

몇 년 전에 벌어진 '수지 인스타그램 줄 바꿈 대란'이라는 일화가 있다. 가수 수지가 평소에 글을 길게 쓰지 않는데 어느 날 본인 인스타그램에 글을 길게 쓰고 포스팅하게 되었다. 그런데 줄 바꾸기가 되지 않자 팔로워들에게 물어가면서 수많은 방법으로 수정하다가 결국엔 줄

▲ 인스타그램에 올릴 글에 줄 바꾸기를
할 수 있는 인스타공백닷컴 화면

바꾸기를 성공했다는 이야기다. 그만큼 인스타그램 줄 바꿈은 사용자 입장에서 정말 꼭 필요한데도 8년 동안 업데이트되지 않는 기능이다. 그러다가 드디어 최근에 '인스타공백닷컴(instablank.com)'이라는 사이트까지 등장하게 되었다.

사이트 밑에 "인스타그램 줄 바꾸기 하다가 열받아서 만든 사이트"라고 설명되어 있다. 인스타그램 유저들 사이에서 줄 바꾸기가 얼마나 큰 스트레스였는지 짐작이 가는 부분이다. 인스타그램 줄 바꾸기는 당분간 이 사이트를 통해 스트레스 받지 말고 써보길 바란다.

4. #글스타그램 도 통한다

인스타그램은 사진과 영상을 공유하는 채널이지만 글도 중요하다. 관심사가 비슷한 사람들과 소통하는 채널이기 때문에 멋지고 예쁜 사진뿐만 아니라 진심 어린 글에 반응하고 댓글을 다는 경우가 더 많다. 사진에 해시태그 몇 개만 성의 없게 달아서는 좋은 반응을 이끌어낼 수 없다. 사진 또는 영상에 자신의 현재 상황과 생각을 전달하고 팔로워들의 생각을 묻는 등의 방식으로 댓글을 유도하는 것도 좋은 방법이다. 또한 앞에서 설명한 것처럼 사진의 빈 공간에 감성 글을 넣는 방식으로 '#글스타그램'을 운영하는 계정도 늘고 있다.

최근의 트렌드 역시 글을 많이 쓰는 쪽으로 바뀌고 있다. 레이터닷컴(Later.com)의 연구에 따르면 인스타그램 글의 길이는 2016년에 비해 2배로 늘었다고 한다. 2020년 인스타그램 피드의 평균 자막 길이는 405자(평균 65~70단어)로 채워질 것이라도 한다. 물론 영어는 한글과 다르게 느껴지지만 확실한 것은 글은 점점 길어질 것이라는 점이다.

인스타그램 강의를 처음 시작한 3~4년 전에는 "인스타그램에서 카드뉴스가 먹힐까요?"라는 질문에 "아니요. 인스타그램 감성에는 아직 맞지 않습니다."라고 대답했었다. 그러나 2020년 현재 기준으로는 틀린 대답이다. 페이스북 페이지가 몰락하며 페이스북 페이지와 유저들이 인스타그램으로 많이 넘어왔다. '열정에 기름 붓기' 페이지를 운영하는 대표는 페이스북 페이지만으로는 어렵다는 판단하에 채널 다각화를 시도했다. 인스타그램에서도 사진에 글을 삽입한 카드뉴스 형태의 콘텐츠를 지속적으로 업로드하고 있다.

인스타그램 피드의 알고리즘 중에 체류 시간도 꽤 중요하다. 글로 팔로워들과 소통하기 위해 진솔한 이야기, 비즈니스 철학, 브랜드 스토리 등을 공유하는 것도 좋다. 팬이 된 팔로워들은 기꺼이 시간을 내어 글을 읽고 공감하고 댓글을 달며 소통한다. 정보성 콘텐츠인 경우 DM 또는 링크로 공유하기도 하고 나중에 다시 보려고 저장하기도 한다. 사진에 다 담을 수 없는 정보와 이야기는 글로 전달하자.

5. 효율적으로 기억에 남는 글 쓰는 방법

인스타그램을 오래 하다 보면 사진을 찍는 순간 뭔가 느낌 있는 글귀가 떠오르기도 하는데, 물론 짧은 글일 수밖에 없다. 그렇기에 쓰고

▲ 사진이 글을 뒷받침하는 느낌으로 콘텐츠를 올릴 수도 있다.

싶은 글을 먼저 생각한 다음 그에 맞는 사진을 찍는 것도 좋은 방법이다. SNS에서 수많은 사업가들에게 인사이트 있는 글을 전달하는 『내 운명은 고객이 결정한다』의 저자 박종윤 대표의 포스팅을 보면 글 중심의 페이스북이 메인이지만, 인스타그램에서도 글에 더 중점을 두고 사진은 그 글을 뒷받침해주는 보조 역할을 하는 방식으로 콘텐츠를 만든다.

▲ 글쓰기 앱이나 메모장을 캡처해 올리는 @type4graphic과 @decoi_ 계정

▲ 페이스북 크리에이터스튜디오에서 글을 바로 업로드하는 방법

　　왼쪽 하단에서처럼 글쓰기 앱(씀, 쓰샷) 또는 메모장을 활용해 쓴 글을 캡처하거나 사진을 찍어 공유하는 것도 좋은 방법이다. 인스타그램 시인으로 유명한 하상욱 님과 최대호 님이 이 방법을 쓰는 대표적인 사례다. 그들의 인스타그램 계정을 보면 글도 인스타그램에서 좋은 콘텐츠임이 분명하다.

　　인스타그램에서 글을 직접 쓰면 정리가 잘 되지 않을 수도 있다. 그럴 때는 PC에서 글을 쓴 후 카카오톡 같은 메신저에서 '나'에게 보낸 후 업로드하면 된다. 또는 클라우드 기능이 있는 메모장을 활용해 PC에서 썼던 글을 모바일 메모장으로 바로 복사해서 인스타그램 업로드 시 활용하면 유용하다. 페이스북 크리에이터 스튜디오(business.facebook. com/creatorstudio)를 활용해 PC에서 바로 업로드할 수도 있다. 최근에는 예약 게시도 가능해졌으므로 바쁘다면 콘텐츠를 미리 기획하고 게시물 업로드 시간을 예약하는 방법도 추천한다.

인스타그램 스토리 어떻게 활용할까?

페이스북은 인스타그램 인수 후에도 미국 시장에서 10대들의 큰 사랑을 받는 스냅챗을 인수하고 싶어 했다. 그러나 그 시도가 불발되자 인스타그램을 통해 스냅챗과 비슷한 스토리 기능을 넣었다. 인스타그램 스토리는 계정의 피드가 아닌 프로필을 클릭해야 나타나며, 사진이나 동영상은 24시간 동안만 노출된다. 그래서 일반적으로 피드의 전체적인 톤앤매너나 피드 정렬을 중요시하는 사진작가 또는 브랜드의 계정에서 피드 외에 좀 더 생생한 B급 게시물을 올릴 수 있게 되었다.

스토리에는 피드보다 조금 더 재미있는 기능을 많이 추가했다. 필터 이외에도(사실 필터 기능은 잘 안 쓰이는 듯하다.) 사진 및 동영상에 스티커 삽입 및 그림 그리기, 글씨 쓰기 등 다양한 편집이 가능하다. 최근에는 우리나라에서 인기 있는 스노우 앱처럼 AR(증강현실) 기능도 추가되었다. 얼굴 인식을 통한 스티커와 GIF 스티커도 구현되는 등 더 다양한 기능이 많다. 이는 스냅챗의 주요 사용자인 10대를 잡기 위함으로 추정된다.

그러나 이미 인스타그램 스토리는 스냅챗 사용자를 넘어선 것으로 파악된다. 페이스북에 따르면 이미 2017년 5월경, 스냅챗의 1일 사용자 수는 1억 6천만 명인 데 비해 인스타그램 스토리의 1일 사용자는 2억 명을 넘어섰다고 전했다. 2020년 기준으로는 매일 2억 5천만 명이 이 기능을 즐겨 사용하고 있다. 일각에서는 인스타그램 스토리를 이용해 곧 음성/영상 통화도 가능해질 것이라고 한다.

Q 인스타그램 스토리의 장단점

그렇다면 인스타그램 스토리의 장점은 무엇일까?

첫째, 세로 기능이다. 일반적인 피드에 올릴 수 있는 크기보다 더욱 더 몰입감 있게 모바일 화면을 꽉 채우는 사이즈(1,080×1,920px)라서 팔로워 또는 고객들에게 더 와닿는 콘텐츠를 제공할 수 있다. 또한 스토리에 콘텐츠를 업로드하면 프로필 테두리가 분홍색으로 변하기 때문에 눈에 잘 띈다. 내 팔로워의 홈 피드 최상단과 피드 중간에 테두리 색이 변한 프로필이 노출되어 게시물 노출과 도달도 늘어나게 된다.

둘째, 프로페셔널 계정이면서 1만 팔로워 이상이면 스토리 아래에 링크를 삽입할 수 있다. 링크 삽입이 불가능한 인스타그램 최대 단점이 어느 정도 해결된다.

셋째, 인스타그램 스토리 하이라이트 설정이 가능하다. 하이라이트 설정을 할 경우 24시간이 지난 후에도 프로필에 해당 스토리를 계속 고정해놓을 수 있다. 이 기능은 피드에서 활용할 수 없는 공지 또는 알림으로 활용 가능하다.

단점이 있다면 스토리가 나타나는 시간이 사진은 5초, 동영상은 15초로 조금 짧다는 점이다. 하지만 이는 콘텐츠 구성이나 질에 따라 충분히 극복이 가능하리라고 본다. 사진을 여러 장 이어서 세트로 구성한다면 더 생동감 있게 다가갈 것이다.

○ 인스타그램 스토리 활용하는 방법

스토리에서는 해시태그, 사람태그, 위치태그는 물론이고 설문과 질문도 가능하다. 이러한 기능을 활용해 조금은 가볍지만 진정성 있는 비하인드 스토리를 공유하면 계정을 활성화하는 데 도움이 된다. 스토리에 올렸던 설문 스티커의 경우 결과가 나온 후에 사진으로 저장할 수 있다. 그 콘텐츠를 피드에 다시 올리는 것도 팔로워의 반응을 이끌어내기 좋다. 질문하기 스티커로 팔로워가 궁금해할 만한 질문을 유도하고, 좋은 질문이 나온다면 다시 스토리에 답변과 함께 공유한다(질문하기는 기본적으로는 본인만 볼 수 있다).

피드에는 사진을 여러 장 올릴 수 있는데 스토리에 한 장만 올리기

▲ 스토리에서 설문이나 질문을 활용하면 팔로워들의 흥미와 참여를 이끌어내기 쉽다.

▲ 해시태그와 위치태그를 사용하고, 여러 장의 사진을 올린 스토리

엔 아쉽다면 언폴드(Unfold)라는 앱을 활용해 깔끔하게 만들 수 있다. 또는 레이아웃 앱을 통해 2장, 4장, 6장 등의 사진을 분할해서 올릴 수도 있다.

인스타그램의 동영상 플랫폼, IGTV

인스타그램은 모바일 생태계에서 생겨났으며 지금도 모바일이 주 활동무대다. 이러한 인스타그램은 처음부터 지금까지 모바일 위주로 모든 콘텐츠를 제작·편집·업로드·소비할 수 있도록 설계되어 있다. 젊은 연령대일수록 모바일로 콘텐츠를 소비하는 경우가 많다. 인스타그램의 영상은 최대 1분 길이이며 클립으로 조정해서 10개 클립까지 가능하다. 이렇게 이어 붙여 이론상 10분이 가능하지만 1분씩 잘라서 편집한 영상을 열 번째 클립까지 보는 이는 거의 없을 것이다.

최근에 공을 들이고 있는 스토리에도 영상은 15초까지밖에 올리지 못한다. 인스타그램 라이브를 진행한 경우에 1시간 동안 라이브한 영상을 그대로 올릴 수는 있지만 이 역시 유튜브 같은 영상 플랫폼에 비하면 뭔가 아쉬운 부분이 있다. 그래서 많은 크리에이터 계정이나 기업들은 인스타그램에 짧은 영상을 올리더라도 전체 영상은 유튜브에서 확인하라는 식으로 알리는 경우가 많다. 필자도 라이브를 진행하면 보지 못한 팔로워들을 위해 라이브 영상을 그대로 스토리에 공유한다. 하지만 조금 더 다듬고 편집해서 2차 콘텐츠로 올리고 싶을 때가 많다.

한편 어떤 플랫폼이 새로 나오면 팬, 팔로워, 구독자 등의 이름으로 불리는 자신의 추종자들을 만드는 데 오랜 시간과 많은 노력이 필요하지만 IGTV에선 굳이 그럴 필요가 없다. 내 팔로워가 10만 명이면 하루 아침에 10만 명의 구독자가 생겼다고 생각해도 무방하다. 물론 인스타그램 유저 모두가 IGTV를 보지는 않기 때문에 이 공식이 100% 성립되지는 않는다. 이는 인스타그램이 유튜브를 이겨내기 위한 필승 전략(세로 콘텐츠와 자체 팔로워 계승)이라고 생각한다.

IGTV에 동영상 콘텐츠를 올리기 위해서는 IGTV 앱을 다운로드할 필요 없이 인스타그램 앱에서 업로드 가능하다. 다만 현재 인스타그램 계정의 프로필, 아이디, 팔로워를 그대로 가져가게 된다. IGTV를 보기만 할 때도 마찬가지로 앱을 따로 다운로드할 필요가 없다. 이것이 IGTV의 큰 장점이다. 결국 인스타그램 내에서 소비할 수 있게끔 해서 최대한 IGTV의 콘텐츠 소비자를 늘리고 더 좋은 콘텐츠 창작자를 끌어들여 전체 이용자 수를 늘리겠다는 의도다.

이처럼 팔로워들은 인스타그램 내에서 팔로우한 계정의 모바일 동영상 콘텐츠를 앱을 이탈하지 않고 쉽게 볼 수 있다. '좋아요' 및 댓글을 달 때도 IGTV 앱에 들어가지 않아도 되며, 확인할 때도 계정의 '좋

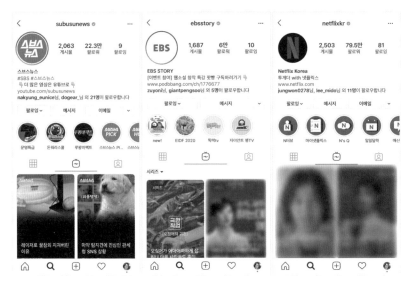

▲ IGTV를 잘 활용하고 있는 미디어 전문기업 계정들

아요'와 댓글처럼 '내 소식' 탭(하단 하트 모양 아이콘)에서 반응을 볼 수 있다. 또한 IGTV의 동영상 콘텐츠는 인스타그램 내에서 다른 콘텐츠와 마찬가지로 해시태그를 통한 검색이 가능하고 IGTV 본문에 링크 삽입도 가능하다.

IGTV는 특히 세로형 뉴스를 필두로 하는 영상을 보유하고 있는 각 방송사와 넷플릭스 계정 등에서 잘 활용하는 중이다. 개인계정 중에서는 음식을 소리와 함께 풀어내는 마카롱여사(@mrs_macarons)를 추천한다. 마카롱여사 계정은 요리 영상만을 공유하는 채널이다. 예전에는 간헐적으로 IGTV를 올렸다면 지금은 모든 콘텐츠를 IGTV에 업로드 중이며, 조회 수 또한 영상당 약 30만 회를 기록할 정도로 인기가 많다.

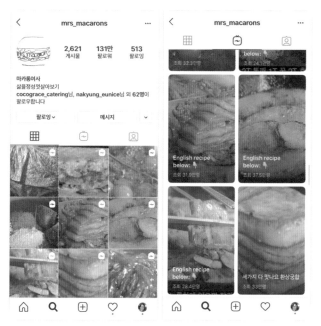

▲ 음식 영상만을 올리며 인기를 얻고 있는 마카롱여사

◌ IGTV로 수익을 얻다

　IGTV가 2018년 6월 출시된 이후 필자는 수많은 오프라인 강의를 하면서 수강생들에게 IGTV의 중요성을 수없이 이야기했다. 영상에 광고가 들어갈 거라고 예상하기도 했다. 유튜브를 포함해 페이스북 동영상(Watch)에서도 시작 전이나 중간에 광고가 삽입되는데, 크리에이터의 실질적인 수입이 아직 전혀 없는 인스타그램에서는 동영상 크리에이터의 유입을 위해서라도 광고가 꼭 필요하기 때문이다. 초반에는 크리에이터보다는 시청자를 늘리기 위해 광고 도입을 약 2년간 참았을 뿐이라고 생각했다.

결국 2020년 5월경 인스타그램 측에서는 광고 기능을 추가하겠다고 밝혔다. "창작자가 돈을 벌고 사람들을 좋은 상품과 연결시킬 수 있도록 IGTV를 효과적이고 안전한 광고 공간으로 만드는 데 전념하고 있다."라며 공식 블로그에 발표했다. 광고 기능의 도입은 먼저 북미에서 시범적으로 시행되며 광고의 길이는 15초 내외가 될 것으로 보인다. 한 매체에서는 광고에서 얻은 수익의 최소 55%가 크리에이터에게 돌아갈 것이라고 예상했다.

인스타그램은 또한 우리가 흔히 부르는 아프리카TV의 '별풍선'처럼 라이브 방송을 진행하는 인플루언서 크리에이터에게 방송 중 하트 배지를 구매해 후원하는 기능도 추가할 예정이라고 한다. 하트 배지는 유저의 이름 옆에 하트 모양으로 나타나며 하나에 0.99달러 정도로 책정될 예정이다. 드디어 인스타그램 유저가 실질적인 수입을 얻을 수 있는 길이 열리게 된 것이다.

유튜브의 아성에 도전하는 IGTV의 행보가 참으로 흥미롭다. 인스타그램 21만 팔로워가 넘는 계정을 운영하는 입장에서 IGTV의 성공이 살짝 기대되기도 한다. 이미 인스타그램은 틱톡과 경쟁하기 위해 짧은 동영상 플랫폼 릴스(Reels)를 미국에서 선보였다. 틱톡에 적응한 10대들의 유입을 노리는 모양새다.

이제 인스타그램을 운영하면서 유튜브까지 운영해야 하는가에 대한 고민은 살짝 넣어둬도 되지 않을까? 물론 유튜브를 하지 말라는 게 아니다. 유튜브까지 신경 쓸 수 없을 정도로 규모가 작은 기업이나 소상공인 입장에선 조금은 반가운 소식이 될 수도 있겠다.

○ 좀 더 쉬운 동영상 편집 프로그램 '브루'

최고의 동영상 플랫폼인 유튜브와 최근 급부상 중인 미니 동영상 플랫폼 틱톡의 성공세를 보면 동영상 콘텐츠의 위력은 실로 어마어마하다. 이제는 원하는 정보를 네이버와 구글 같은 검색 포털이 아닌 유튜브에서 찾는 것이 더 이상 낯설지 않다.

인스타그램에서도 동영상이 중요해졌다. 동영상은 사진 한 장에 비해 기획, 촬영, 편집 등 좀 더 수고스러움과 어려움이 따르긴 한다. 그래도 예전에 비해 수많은 동영상 편집 앱들이 생겨났고 프리미어 프로, 파이널컷 등의 어려운 프로그램 없이도 더 쉽게 편집이 가능해졌다. 기본적으로 컷 편집과 자막 삽입 정도만 하면 화려한 효과가 없어도 그럴듯한 영상이 만들어진다.

최근 브루(Vrew)라는 프로그램이 자막 작업과 컷 편집을 하기에 아주 편한 프로그램으로 인기를 얻고 있다. 국내 초창기 채팅 사이트로 유명했던 세이클럽과 스마트폰 초창기 셀카 앱 B612의 개발자 남세동 대표가 개발한 프로그램이다. 이 프로그램은 인공지능 기반으로 목소리를 자동 인식해 자막을 만들어준다. 회사의 이익을 위해 언젠가는 유료화될 거라고 하지만 아직은 무료다. 사용법도 간단하며 자막 인식률도 높은 편이다.

이렇게 조금은 쉽게 컷 편집과 자막 작업을 하고 나서 프리미어 프로 등의 고급 프로그램을 이용하거나 동영상 앱(비바비디오, 키네마스터, 블로 등)으로 편집을 하면 인스타그램 피드(1분) 또는 IGTV에 활용 가능한 영상이 만들어진다.

PART 5

인스타그램
실험실

팔로워 늘리기 프로그램 정말 효과 있을까?

인스타그램이라는 SNS 채널이 국내에서 인기를 얻자 많은 기업들이 인스타그램을 통해 브랜드를 홍보하려고 열을 올린다. 그와 동시에 커진 시장이 인스타그램 팔로워 및 '좋아요'를 늘려주는 대행업체들이다. 필자는 10년간 인스타그램을 해온 입장에서 과연 저게 효과가 있을지 의구심이 생겼다. 강의를 하면서 실제로 효과가 있는지에 대한 문의를 받게 되자 더 궁금해지기도 했다. 어떤 식으로 운영되는지, 과연 효과는 있는지 말이다. 그래서 필자가 직접 확인해보았다. 이제부터 그런 팔로워 늘리기 프로그램이 얼마나 쓸모 없는지 이야기하겠다.

○ 팔로워 늘리기의 두 가지 유형

팔로워를 늘려주는 서비스를 제공하는 곳은 크게 두 가지로 나뉜다. 첫째는 무조건 팔로워를 늘려주는 곳이다. 업체에서는 이메일만 있으면 인스타그램 계정을 만들 수 있다는 점을 악용해 가짜 계정을 수천 개 만든다. 인스타그램 측으로부터 스팸계정이 아닌 것으로 판단되어 살아남는 계정을 추려 팔로워의 숫자를 늘리는 데 쓴다. 그런 식으로 새로운 인스타그램 유저에게 팔로워를 팔고 있는 것이다.

그러나 조금만 생각해본다면 이런 유령 팔로워가 얼마나 의미 없는지 알 수 있다. 그 숫자의 의미는 프로필에 보이는 숫자에 불과하다. 말 그대로 보이는 것 말고는 그 이상도 이하도 아니다. 더군다나 인스타그램 로직이 소통 중심으로 변하고, 팔로워 대비 '좋아요' 및 댓글 반응에 따라 인기게시물에 올라가게 세팅되어 있다. 그렇기 때문에 가짜 팔로워만 많아져봐야 계정에 절대로 도움이 되지 않는다.

그렇다면 두 번째 방법인 '가짜 소통'을 통한 팔로워 늘리기는 어떨까? 필자가 '가짜 소통'이라고 명명한 이유는 나를 대신해 이곳저곳 찾아다니며 '좋아요+댓글+선팔+언팔(팔로우 취소)'을 해주는 프로그램이 판매되기 때문이다. 포털사이트에서만 찾아봐도 정말 많은 업체가 나온다. 가격도 거의 비슷한 수준이다. 실험을 위해 필자는 한 달에 6만 5천 원짜리를 선택했다. "좋아요 1만 8천+댓글 5천+선팔·언팔 각각 1만 2천 프로그램(30일간), 예상 팔로워는 900명에서 3천 명"이라고 명시되어 있다. "홍보업체 평균 1천 팔로워 증가, 개인 1,500팔로워 증가"라고도 한다.

▲ 팔로워 늘리기 업체에서 받은 문자 메시지   ▲ 필자의 계정으로 달린 성의 없는 댓글

결제를 하고 아이디와 패스워드를 알려주면 주의사항을 알려주는
문자가 온다. 그럼 이제 어떤 일이 일어날까? 업체에서 선정하는 태그
의 기준은 조금씩 다르겠지만 '#선팔' '#맞팔' '#선팔하면맞팔' '#소통'
'#일상' 등 우리나라 사람들이 좋아하는 태그를 단다. 그리고 팔로잉과
팔로워가 많지 않은 신규 유저를 찾아 들어가서 팔로우하고 '좋아요'와
댓글을 달고 다닌다.

"놀러 왔습니다. 소통해요." 또는 "피드 예쁘게 꾸미셨네요~" "사진
잘 보고 갑니다." "좋아요 꾹 누르고 갑니다. 제 피드도 놀러오세요."라
는 뜬금없는 댓글을 필자가 한 것처럼 알아서 달아준다. 그동안 필자는
저런 댓글이 올라오면 쳐다보지도 않고 답글도 안 달았었는데 한 달 동

안 저런 식으로 활동했다는 이야기다. 결국 한 달 동안 필자는 무성의한 사람이 되어버렸다. 게다가 아주 가끔은 "선팔하고 가요~"라는 댓글을 달고는 막상 팔로우는 하지 않아서 이상한 사람이 되기도 했다. 그래도 2/3 정도는 반응이 오게 되어 있다. 그 이유는 그 대상이 이제 막 인스타그램을 시작한 초보자들이기 때문이다. 팔로워 1천 명 이하의 유저들에게 추파를 던지기 때문에 반응이 오고 팔로워가 늘기는 한다.

그러나 업체 측에서 제시했던 만큼의 팔로워는 늘지 않은 것으로 확인되었다. 필자가 분석해보자면, 새로 시작하는 사람이 새로 시작하는 사람을 상대로 계정 주인 대신 손품을 팔아서 선팔, 맞팔, '좋아요', 댓

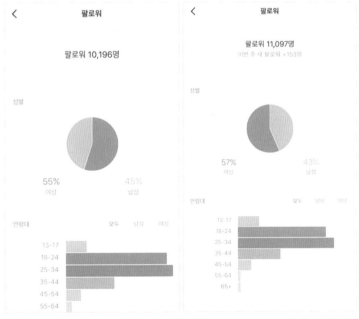

▲ 프로그램 이용 전(10월 24일 1만 196명)과 한 달 후(11월 23일 1만 1,097명) 결과. 팔로워가 정확히 901명 증가했다.

글을 통해 팔로워를 늘려주는 시스템인 듯하다. 당장은 팔로워가 늘지 몰라도 성의 없는 소통은 계정에 절대 도움이 되지 않는다는 걸 잊지 않길 바란다.

상위노출 실험
'좋아요' vs. 댓글＋맞댓글

인스타그램에 대한 강의를 진행하다 보면 인기게시물 상위노출시키는 방법에 대해 문의하는 사람이 많다. 인기게시물 상위노출이라 함은 특정 해시태그를 검색했을 때 가장 위에 뜨는 수십 개의 게시물을 말한다. 인스타그램이 마케팅에 중요한 채널로 부상하면서 마케팅이 필요한 경우에는 상위노출에 많이 신경 쓰는 듯하다. 특히 인스타그램이 여행이나 맛집에서 마케팅 효과를 많이 보기 때문에 지역 해시태그에서만큼은 상위노출을 시키려고 안간힘을 쓴다. 심지어 이 작업을 대신해주는 업체도 꽤 많이 있다.

Q 상위노출되는 기준을 찾아라

　기본적인 로직으로는 '좋아요' 수가 단기간에 많이 찍히면 상위노출
이 된다. 그러나 가끔은 팔로워가 적거나 '좋아요' 수가 적더라도 상위
노출이 되는 경우를 발견하게 되었다. 그러한 사례를 분석해 필자 나름
의 가설을 세웠고 그에 대한 실험을 해보기로 결심했다. 인스타그램이
페이스북에 인수된 이후부터 복잡한 로직들이 생겨났고 많은 전문가들
이 그 로직을 풀기 위해 노력하고 있다. 하지만 필자를 포함한 모든 사
람들이 페이스북과 인스타그램의 정확한 로직은 알지 못한다. 그래도
다음 실험을 통해 조금은 유추해볼 수 있을 것이다.

　가설: 인스타그램 상위노출에는 '좋아요' 수보다 댓글이 중요하다(계
　　　　정의 맞댓글 포함).

　인스타그램 로직이 소통을 중요시한다고 판단해 흔히 말하는 '좋
아요' 수와 댓글이 미치는 영향을 분석해보고자 했다. 그 결과, 몇 개월
전만 해도 게시물에 '좋아요' 300개만 더해줘도(여러 가지 프로그램 또
는 앱 활용) 중소형 태그는 상위노출되고, 600개 이상 더해서 '좋아요'
700~800개를 찍으면 완전 유명한 슈퍼 해시태그가 아니고선 상위노
출이 가능하다는 걸 알 수 있었다. 그러나 '좋아요'나 댓글을 작업해주
는 업체들도 많아져 '좋아요' 수가 기본적으로 1천 이상은 나와야 하는
듯하다. 오랫동안 인스타그램을 해온 순수한 유저 입장에서는 이런 꼼
수가 많아질수록 쓸쓸하기만 하다.

그렇다면 '좋아요' 수와 댓글 중 무엇이 더 중요할까? 인스타그램 프로그램 개발자와 필자가 협업을 해서 인스타그램 게시물에 댓글로 쿵쿵따 게임을 해보았다. '좋아요' 수가 적어도 댓글만으로도 상위노출이 쉽게 되는 것을 확인했다. 그래서 좀 더 과감한 도전을 해보기로 했다. 1,800팔로워 계정이 11만 8천 팔로워 계정을 '좋아요' 수가 아닌 댓글로 이기거나 비슷하게라도 따라갈 수 있을까?

필자가 운영하고 있는 두 계정을 가지고 비교해보았다. 첫 번째는 필자가 운영 중인 쇼핑몰 서울매니아(@seoulmania.co.kr) 계정이다. 만든 지 얼마 안 된 초창기라 팔로워가 아직은 1,800명 수준이었다. 두 번째는 몇 년간 열심히 운영해온 11만 8천 팔로워의 @seoul_korea 계정이다. 정말 '계란으로 바위치기'라고 생각하긴 했지만 혹시라도 이긴다면 뭔가 희열을 느낄 것 같은 기대감에 실험을 시작해보았다. 비교를 위해 똑같은 사진, 똑같은 글, 똑같은 해시태그를 동시에 올렸다.

같은 콘텐츠를 동시에 올린 후에 @seoul_korea(11만 8천 팔로워) 계정은 평소대로 그냥 두고, @seoulmania.co.kr 계정은 댓글로 다른 유저들과 쿵쿵따 게임을 즐겼다. 여기서 쿵쿵따를 다른 계정끼리만 하도록 두는 게 아니라 본 계정(@seoulmania.co.kr)의 맞댓글이 꼭 필요했다.

2시간 경과 후 @seoul_korea 계정엔 '좋아요' 1,500개 이상, 댓글은 5개 정도만 달렸다. 반면 @seoulmania.co.kr 계정엔 '좋아요' 145개, 댓글은 129개가 달렸다. 사실은 워낙 팔로워 수가 많이 차이 나서 비교가 안 될 거라고 생각했다. 비즈니스 계정 인사이트로 분석해보면 @seoul_korea 계정은 2시간도 안 되어서 이만큼의 결과가 나왔으니 말이다.

같은 사진, 같은 글, 같은 해시태그를 같은 시간 동안 게시하고 지켜

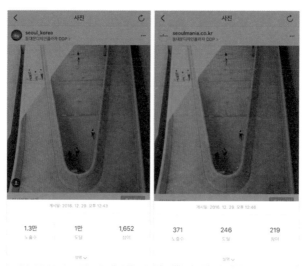

▲ 똑같은 콘텐츠를 규모가 다른 계정으로 올렸을 때의 결과

본 결과는 위와 같았다. 노출 수, 도달, 참여 모두 상대도 되지 않게 큰 차이가 났다. 아무리 댓글이 많이 달려도 워낙에 팔로워가 많은 계정을 이기기는 쉽지 않아 보였다. 그러나 서울매니아 계정에서는 실험을 위해 많은 댓글이 달렸고 그 댓글에 서울매니아 계정이 맞댓글을 계속 달았다. 과연 우리가 세운 가설이 맞을까? 결과는 확연히 차이가 나지만 본 계정의 맞댓글 효과로 우리가 단 해시태그가 인기게시물에 노출될지가 궁금했다.

그런데 가설 검증 단계에서 예상치도 못한 장애물을 만나게 되었다. 같은 사진, 같은 글, 같은 해시태그로 비교를 해서인지 1분 정도 먼저 작성한 (또는 더 활성화된) 계정인 @seoul_korea의 게시물 해시태그만 상위노출되었다. 그 이후에 작성한 (또는 덜 활성화된) @seoulmania.co.kr의 게시물은 인기게시물에 절대로 올라가지 않는 참사가 발생했

다. 인기게시물에 오르기가 조금 쉬운 해시태그인 '#쿵쿵따(860개)'에
도 상위노출되지 않았다.

　　모든 해시태그가 실시간 피드에만 노출되고 상위노출은 전혀 안 되
었다. 그래서 2시간 만에 쿵쿵따 이벤트를 종료하고 @seoul_korea의
게시물을 지우기로 했다. 그랬더니 놀라운 일이 일어났다. 860개 게시
물인 '#쿵쿵따'부터 3,700개 게시물인 '#디자인플라자', 9만 6천 개 게
시물인 '#포인트' 같은 중소형 해시태그에서 인기게시물에 상위노출되
기 시작한 것이다.

　　@seoul_korea와 같은 해시태그 '#seoul_korea'에서도 상위노출되
고, 게시물이 53만 개가 넘는 '#DDP', 나중에 시간이 조금 더 지나서는
290만 개가 넘는 '#스타벅스', 410만 개가 넘는 '#커피' 같은 대형 해
시태그에서도 인기게시물에 상위노출되었다.

▲ '#DDP' '#스타벅스' '#커피' 인기게시물 상위권에 위치한 실험용 게시물

#DDP: 53만 게시물 중 2위

#스타벅스: 290만 게시물 중 7위

#커피: 410만 게시물 중 6위

고작 '좋아요' 145개를 받은 초라한 성적의 게시물이 410만 개가 넘는 대형 해시태그 게시물 사이에서 당당하게 인기게시물로 환골탈태할 수 있는 방법을 찾아냈다. 그 어떤 '좋아요' 작업 없이 평소와 같은 '좋아요'에 많은 댓글을 달고, 거기에 본 계정의 맞댓글이 만들어낸 성과였다.

인스타그램의 로직이 소통을 중시하는 방향으로 바뀐 느낌이었는데, 그 소통지수를 높일 수 있는 쉬운 방법이 바로 본 계정의 맞댓글이었다. 댓글을 조금만 더 신경 쓴다면 우리가 원하는 해시태그 사이에서 내 게시물을 인기게시물로 올릴 수 있다고 확신한다.

스폰서드 광고: 페북 광고 관리자 vs. 인스타그램 직접 광고

이 책에서는 가능하면 인스타그램 광고에 관한 내용은 다루지 않으려고 했다. 그 이유는 인스타그램 스폰서드 광고는 페이스북 광고와 원리가 같기 때문에 페이스북 광고를 다룬 책을 보는 게 더 좋을뿐더러, 필자가 광고대행 전문가이거나 이커머스 회사의 광고를 맡고 있는 담당자가 아니기 때문이다. 더구나 내용이 방대해 한 꼭지에서 다룰 수 있는 수준도 아니다.

그런데도 이렇게 이야기하는 이유는 최소의 비용 또는 무료로 회사와 비즈니스에 도움이 되는 방향을 찾고 운영하기 위함이다. 때로는 광고를 통해 팔로워 외의 잠재고객에게 신제품, 프로모션, 이벤트 등을 알려야 할 상황이 생기기 마련이다. 인스타그램은 작은 회사, 소상공인,

자영업자에게 빠르고 간편하게 비즈니스를 홍보할 수 있는 최적의 플랫폼이다. 채널에 대한 이해가 생기고 조금만 공부한다면 인스타그램에서 광고를 하는 것도 어렵지 않게 진행할 수 있다. 이제부터 그 기본적인 내용을 간단히 다루도록 하겠다.

○ 페이스북 광고 관리자

많은 사람들이 알다시피 인스타그램은 페이스북과 같은 회사다. 그렇기 때문에 모든 광고는 페이스북 광고 관리자에서 진행할 수 있다. 또한 인스타그램 앱 자체에서도 가능하다. 그렇다면 그 차이점은 무엇이고 어떤 식으로 진행해야 할까? 인스타그램 광고 진행을 위해서는 기본적으로 페이스북 광고의 종류 및 구조, 광고 관리자 사용법에 대해 알아야 편하다. 광고하기에 앞서 우선은 광고의 목표를 선택해야 한다.

▲ 페이스북 광고 관리자 페이지

- 인지도(브랜드 인지도, 도달)

- 관심 유도(트래픽, 참여, 앱 설치, 동영상 조회, 잠재고객 확보, 메시지)

- 판매 전환(카탈로그 판매, 매장 유입)

우리 브랜드의 인지도를 올리는 게 목표인지, 홈페이지 또는 쇼핑몰 랜딩 페이지로의 유입이 목표인지, 제품의 판매가 목표인지를 가장 먼저 선택해야 한다. 광고 목표 설정 후에는 캠페인 예산을 정한다. 광고 전체 기간 및 일일 예산을 설정할 수 있다. 그 이후에는 타깃을 잡는다. 인스타그램과 페이스북 광고의 가장 큰 특징은 상세한 타기팅에 있다.

◀▲ 맞춤 타깃 설정하기 화면

원하는 성별, 나이, 타깃 그룹을 세세하게 타기팅할 수 있다.

페이스북에서는 비즈니스에 이미 관심을 보인 사람들에게 도달할 수 있는 '#맞춤타깃'이 가능하다. 홈페이지 또는 쇼핑몰에 픽셀을 심어서 타기팅을 할 수도 있고, 페이스북 페이지에 관심을 보였거나 광고에 반응을 했거나 인스타그램 계정에 참여했던 인원들로 맞춤타깃을 할 수도 있다.

노출 위치에서 광고 콘텐츠를 페이스북에 노출시킬 것인지 인스타그램에 노출시킬 것인지를 정할 수 있다. 가끔 인스타그램에서 보이는

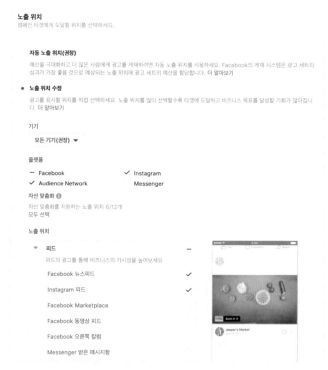

▲ 노출 위치 설정하기 화면

광고 중에 인스타그램 계정 없이 한글명(회색으로 표시)으로 광고가 진행되는 경우도 있다. 이런 경우는 인스타그램 계정 연동 없이 페이스북 광고를 돌리면서 노출 위치를 자동으로 설정했거나, 수동으로 설정한 후 인스타그램을 체크했기 때문이다. 광고를 통해서 팔로워를 확보할 수도 있으니 가능하다면 인스타그램 계정 연동을 했는지 꼭 한번 체크해보기 바란다. 의외로 연동 없이 자동노출로 광고가 어디에 노출되고 있는지 모르는 경우도 많다. 그럴 때는 각 채널에 어울리지 않는 광고가 노출되어 쓸데없는 비용이 새어나갈 수도 있다.

노출 위치까지 세팅되었다면 이제 광고 형식을 선택하고 광고 콘텐츠를 제작해야 한다. 광고 관리자에서 할 경우 친절하게 각 채널별 이미지와 동영상의 최소 해상도와 사이즈가 표시되니 걱정하지 않아도 된다.

광고 콘텐츠 제작 시 가장 신경 써야 될 부분은 노출 위치에 따라 사이즈를 달리 고려해야 한다는 것이다. 같은 사진일지라도 노출 위치에 따라 사이즈가 다르기 때문에 이를 신경 쓰지 않고 제작한다면 상당히 어색하게 보일뿐더러 최적화되지 않은 사이즈 및 디자인으로 인해 광고 효율도 떨어진다.

다음 사진은 실제 광고를 미리보기로 본 것이다. 첫 번째 사진은 인스타그램 피드에 맞는 사이즈로 제작한 반면, 두 번째 사진은 스토리에 올라갈 이미지를 피드에 노출한 것이다. 제품이 잘린 사진을 고객들이 본다면 브랜드 이미지가 어떻게 될까? 광고 담당자 입장에선 끔찍할 따름이다. 반면 세 번째 사진은 스토리에 맞게 제작된 광고 콘텐츠이고, 네 번째는 피드 사이즈로 제작한 후 노출 위치만 스토리로 한 경우다.

▲ 다양한 형태로 만든 광고 콘텐츠

네 번째 사진은 스토리의 최대 장점인 세로에 꽉 차는 콘텐츠가 아닌
것도 아쉽지만, 피드에 들어가는 본문 글이 스토리의 사진 아래 자동으
로 몇 줄 들어가니 어색해 보인다.

🔍 인스타그램 앱에서 광고

　인스타그램 앱에서 진행하는 광고의 가장 큰 특징은 광고 관리자에 비해 다루기가 쉽다는 점과 상세한 타기팅은 조금 부족하다는 점이다. 인스타그램 자체에서 광고를 집행하는 방법은 광고 관리자에 비하면 간단하다. 페이스북 페이지와 연동해서 비즈니스 계정으로 전환 후, 결제할 카드를 등록하면 광고가 가능하며 다음과 같은 절차로 진행된다.

　　홍보 만들기(새로운 사람들에게 도달하기) → 홍보하기 → 랜딩 페이지 선택(내 프로필, 내 웹사이트, 내 DM 메시지) → URL 및 행동 버튼 추가 (더 알아보기, 지금 구매하기, 더 보기, 문의하기, 지금 예약하기, 가입하기) → 타깃 만들기

　특징은 랜딩 페이지 선택에서 인스타그램 앱에서만 집행 가능한 내 프로필과 DM이 있다는 것이다. 인스타그램 계정의 스폰서드 광고 콘텐츠에는 '프로필 방문' 또는 '더 알아보기'라고 나타난다. 페이스북 페이지의 '좋아요' 광고 정도로 이해하면 될 듯하다.

　랜딩 페이지까지 설정되었다면 타깃 설정을 하면 되는데 광고 관리자에 비해 상세한 타기팅이 되지 않음을 알 수 있다. 특히 페이스북, 인스타그램 광고의 백미인 맞춤타깃을 설정하기가 어렵다. 다행히 유사타깃은 설정이 가능한데, 유사타깃으로 할 경우 내 인스타그램 유저와 비슷한 타깃 1%로 잡힌다. 내 계정의 평소 팔로워가 고객 또는 잠재고객으로 잘 이루어져 있다고 생각한다면 유사타깃으로 설정하는 것도

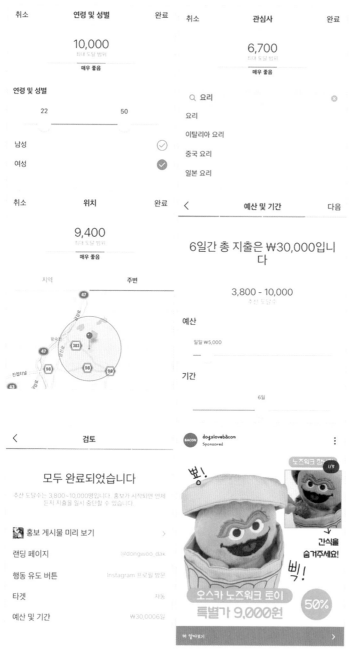

▲ 인스타그램 광고 예상결과와 광고 결과물

나쁜 선택은 아니다.

　페이스북 광고 관리자에 대한 부담감이 있다면 인스타그램 앱에서 소액으로 집행해보면서 감을 잡은 후에 광고 관리자로 도전해보길 권한다. 인스타그램 앱에서는 여러 장의 슬라이드 게시물을 인스타그램에 업로드 후 광고를 돌릴 때 유용하다. 참고로 페이스북 광고 관리자는 광고 비용이 좀 더 저렴하게 나온다고 한다.

Q 인스타그램 위치 등록은 어떻게 하나요?

A 정말 많은 분들이 문의하는 질문 중 하나입니다. 인스타그램 초창기 (페이스북에 인수되기 전)에는 포스퀘어라는 위치 기반 SNS의 DB를 가져다 쓰면서 정리도 잘 되었고, 포스퀘어 앱에서 체크인을 통해 위치 등록이 가능했었습니다. 또 한때는 인스타그램 자체에서 위치가 아니더라도 그냥 '강동구 길동 내집' '잠실 어딘가' '네 맘속' 같은 마음의 위치(?)를 새롭게 등록할 수도 있었지만 지금은 인스타그램 앱 자체에서 등록은 되지 않습니다.

페이스북 글쓰기 칸 아래에 있는 체크인 탭을 누른 후, 원하는 위치가 없을 경우 맨 아래에 '+ 새로운 장소 추가'에서 체크인 위치를 추가할 수 있습니다. 그런 이후에 추가하고자 하는 위치의 카테고리를 선택하고, 기본 정보(이름, 위치 상세주소 등)를 입력해 게시 글을 작성합니다. 위치 등록을 하고 나면 빠르면 몇 시간, 늦어도 하루 정도 후

▲ 페이스북에서의 위치 등록 과정

에 인스타그램에서 게시물 업로드 시 위치 검색을 하면 페이스북에서 등록한 위치가 뜨는 것을 확인할 수 있습니다.

다만 이런 과정을 거쳤는데도 불구하고 처음에는 위치가 떴다가 나중에 뜨지 않는 경우가 가끔 생기기도 합니다. 그럴 때는 페이스북에서 같은 장소에 여러 번 체크인을 해야 해결되는 듯합니다. 아마도 수많은 체크인이 등록되는데 DB가 쌓이기 전까지는 활성화되지 않게 하는 페이스북의 지침이 있지 않을까 합니다. 어쨌거나 인스타그램 게시물 등록 시 회사나 가게 또는 원하는 장소가 없다고 안타까워하지 말고 이 방법으로 해결하길 바랍니다.

Ⓠ 같은 해시태그를 계속 달아도 될까요?

Ⓐ 이것도 강의할 때 해시태그 관련 주제가 끝나면 자주 나오는 질문 중 하나입니다. 결론부터 말하자면 10개 미만은 큰 문제가 없지만 30개를 꽉 채워서 동일한 해시태그를 여러 개 달 경우에는 문제가 될 수도 있습니다.

예전에 DM으로 문의를 주신 분이 있었는데, 같은 해시태그를 저장해놓고 몇 달 동안 꾸준히 달다 보니 나중에는 해시태그를 아예 못 달게 되었다고 합니다. 일반적인 개인계정 또는 브랜드 계정은 주로 사용하는 해시태그가 있게 마련입니다. 그런 해시태그가 10개 내외면 절대 문제가 생기지 않습니다.

저 역시 글 쓰는 타입을 미리 메모장에 정리해놓고 쓰기 때문에 매번 쓰는 해시태그가 항상 똑같이 업로드됩니다. 다음 사진은 인스타그램 관리 사이트 '빅셜'에서 제가 자주 사용하는 해시태그를 분석

서울매니아
seoul korea
코엑스
Korea
seoulmania

▲ 빅셜 사이트에서 분석한 필자가 자주 사용하는 해시태그

해놓은 결과입니다. 이 계정은 약 5년 동안 운영했는데 섀도우 밴(해시태그로 검색해도 검색되지 않는 현상)에 걸리거나 해시태그 문제가 생긴 적이 단 한 번도 없습니다. 같은 해시태그 몇 개를 사용할 때의 단점이라면 자기가 자주 쓰는 해시태그를 단 인기게시물이 내 게시물을 밀어낼 수도 있다는 정도입니다.

해시태그의 검색 및 유입량이 예전에 비해 줄어든 건 사실이지만, 해시태그로 게시물의 성격을 나타내며 관심사가 같은 유저들의 유입을 이끌어낼 수 있습니다. 모든 해시태그를 똑같이 쓰는 것은 위험할 수 있으니 유의하길 바랍니다.

Q 프로페셔널(크리에이터·비즈니스) 계정으로 전환하면 도달률이 떨어지나요?

A 그렇지 않습니다. 페이스북 개인계정을 페이스북 페이지로 전환할 때는 그런 경우가 있습니다. 그러나 인스타그램은 프로페셔널 계정

으로 전환한다고 해서 노출이나 도달이 떨어지는 경우는 거의 없다고 봐도 무방합니다. 비즈니스 계정으로 전환할 경우 프로필에 보이는 카테고리와 연락처 버튼이 나타나는 것만으로도 조금은 상업적으로 보일 수도 있긴 하지만 크게 차이는 없습니다. 최근에는 그 부분을 숨기기 위해 크리에이터 계정이 신설되었습니다. 크리에이터 계정으로 설정하면 위의 두 가지를 숨길 수 있기 때문에 상업적으로 보이지 않습니다.

프로페셔널 계정은 페이스북 페이지와는 성격이 약간 다릅니다. 개인계정과 프로페셔널(비즈니스·크리에이터) 계정 간에 전환이 자유롭습니다. 인스타그램 계정의 분석을 위해서는 프로페셔널 계정 전환이 필수입니다. 인스타그램 앱에서 직접 보는 인사이트도 마찬가지지만 빅셜, 건돌이닷컴 등의 분석 사이트에서도 프로페셔널 계정으로 전환해야만 분석이 가능합니다. 팔로워의 구성이 어떻게 되는지, 어떤 콘텐츠가 반응이 좋은지 알 수 있는 인사이트 분석은 계정 운영에 꼭 필요합니다. 또한 인스타그램에 광고를 올리거나 쇼핑태그를 쓸 때도 전환을 해야 합니다. 실보단 득이 많으니 가능하면 프로페셔널 계정으로 전환하기를 추천합니다.

Q 해시태그를 본문에 달 때와 댓글에 달 때 차이가 있나요?

A 결론부터 말하면, 해시태그를 댓글에 달아도 노출과 도달에는 큰 차이가 없습니다. 해시태그를 댓글에 다는 이유는 본문에 많은 해시태그(최대 30개)를 다 넣으면 지저분해 보이기 때문입니다. 댓글에 해시태그를 넣고 다른 댓글을 달아서 숨기거나 대댓글로 숨기기도 합

니다. 게다가 댓글에 달면 빼먹은 해시태그를 추가하기가 좀 더 수월하기 때문에 많은 사람들이 그 방법을 활용하고 있습니다.

참고로 본문을 수정할 경우 인기게시물에 올라가 있는 내 콘텐츠가 초기화되어 인기게시물에서 사라집니다. 본문에서 오타를 발견했거나 고칠 내용이 있다면 빠른 시간 내에 수정하는 게 좋습니다. 마찬가지로 해시태그를 댓글에 달 거라면 본문에서처럼 인기게시물 노출을 위해 콘텐츠를 업로드하자마자 달 것을 권합니다.

팔로워 2천 명이라도 되고 싶은
인스타 초보에게 전하는 메시지

1. 아이디는 뜻을 떠나서 읽기 쉽게 정해라. 그게 여기서는 이름이고 별명이다.

2. 컨셉을 정해라. '#잡스타그램'으로는 성공할 수 없다.

3. 자신이 좋아하는 게 뭔지 생각한다. 자주 찍을 수 있는 걸 주제로 삼는다.

4. 예쁘거나 잘생기지 않았다면 당장 카메라를 사러 가라. 비싸지 않아도 된다. 똑딱이카메라보단 렌즈를 바꿀 수 있는 미러리스 또는 DSLR을 사라. 브랜드는 그냥 당신 취향대로.

5. 카메라를 샀으면 그 카메라의 아카데미에 가서 기초과정 2개만 들어라. 최소한 초점과 노출은 맞출 줄 알아야 한다. 카메라도 이해가 필요한 기계다.

6. 카메라 살 형편이 안 된다면 스마트폰이라도 최신 폰으로 유지하라(가급적 아이폰 또는 갤럭시로).

7. 카메라든 스마트폰이든 무조건 그리드(격자)를 켜라. 수평·수직만 맞춰도 반은 성공이다. 스마트폰 설정 시 아이폰은 '격자', 갤럭시는 '수직수평안내선(3×3)'이다.

8. 그리드를 켜고 가로 2줄, 세로 2줄이 만나는 지점에 피사체를 두고 찍는다. 풍경 사진에서도 만나는 지점에 뭐라도 넣어라. 사람이면 좋다. 그 사람이 바라보는 방향 또는 지나가는 방향을 비워둬라. 그러면 90%는 성공이다. 이를 '황금구도'라고 부른다.

9. 사진은 비움의 미학이다. 인스타그램에선 배경이 예뻐야 프로필에서 예쁘게 보인다.

10. 보정(포토샵, 라이트룸 등)은 꼭 배워두는 것이 좋다. 인스타그램에서 핫한 사진작가의 보정 수업을 들어라. 세상에 사진 잘 찍는 사람은 많지만 인스타그램에서 잘되는 사람은 다르다.

11. 필터는 거의 안 쓰는 추세이기는 하지만 만약 쓴다면 VSCO가 최고다.

12. 스냅시드는 무조건 다운로드해라. 포토샵보다 편하다. 게다가 완전 무료다.

13. 모든 필터 사용 시 한 번 더 터치해서 50% 미만의 값으로 티 나지 않게 보정한다. 과하면 오히려 촌스러워진다.

14. 프로필 이름에 브랜드의 한글명, 중요 키워드, 중요 카테고리 단어를 꼭 넣는다. 검색에 유리하다.

15. 프로필 사진은 무조건 잘 나온 얼굴 사진으로 해라. 브랜드라면 로고 대신 모델사진 또는 예쁜 색감의 제품사진으로 한다. 로고는 팔로워가 늘거나 브랜딩이 된 후에 바꿔도 된다.

16. 멘토로 삼을 만한 계정 3~5개를 정한다. 그 계정의 프로필을 눌러서 알림 설정을 한다.

17. 멘토 계정이 하루에 몇 번 포스팅하는지, 어느 시간대에 올리는지 파악하고 따라한다. 멘토 계정의 사진 스타일과 글을 따라해본다.

18. 해시태그는 작은 해시태그부터 공략한다. '중소형 해시태그 → 대형 해시태그' 순이다(중복 해시태그는 금지).

19. 자기만의 해시태그를 만들어 글 첫줄 자리에 매번 달면 브랜딩이 될 것이다.

20. 콘텐츠에 일상을 녹여낸다. 뜬금없는 일상이 아닌 제품을 자연스럽게 활용해라. 의류 브랜드라면 스튜디오 촬영 대신 야외 촬영 또는 여행 콘셉트에 맞추는 식이다.

21. 전체적인 톤앤매너는 맞추되 썸네일에 집착하지 말아라. 한 장 한 장 피드의 콘텐츠가 더 중요하다.

22. 옆을 자를 수 없는 가로 사진을 제외하고 사진 형태는 정방형 또는 세로가 낫다.

23. 스토리는 꼭 자주 활용해라. 설문, 질문, 라이브 등 스토리로 소통하는 방법은 많다.

24. 하이라이트 역시 꼭 활용해라. 상황별·카테고리별로 나눠서 공지 사항으로 활용 가능하다. 하이라이트 설정 후 커버를 깔끔하게 변경하라. @daniel_wellington, @zam.soop.gong을 참고하자.

25. 팔로워가 어느 정도 쌓이면 프로페셔널 계정으로 변환해 인사이트를 꼭 확인하자. 팔로워의 성별과 연령에 따라 콘텐츠를 기획·제작한다.

26. 공감할 수 있는 글을 써서 댓글을 유도한다. 사진과 글에 약간의 정보를 담아서 저장을 유도한다.

27. '좋아요' 반사, 댓글 반사는 기본 중의 기본이다. 초반에 팔로워가 없다면 내가 먼저 두드리자.

28. 게시물에 댓글이 달리면 최대한 바로 맞댓글을 달아준다. 만약 댓글 응답이 밀렸다면 다음 게시물을 업로드한 후에 밀린 댓글에 맞댓글을 달아 새로운 게시물의 노출과 도달을 높인다.

29. 게시물 올리는 횟수는 1일 최소 1회~최대 4회 정도가 좋다.

30. 게시물 업로드 시간은 잉여시간인 출근길, 점심시간 후, 퇴근길, 잠들기 전에 올려라. 잠들기 전이 가장 좋다. 주부를 타깃으로 한 콘텐츠는 오전 10~11시에 올리는 게 좋다.

31. 더 중요한 업로드 시간은 운영자 또는 담당자가 활동할 수 있는 시간이다. 퇴근시간이 좋다고 업로드 후 자차로 퇴근하거나, 잠들기 전이 좋다고 업로드하자마자 잠들라는 것이 아니다.

32. 스마트폰 잠금화면에서 카메라가 바로 열리는 기능을 파악해둔다. 스냅사진 찍기 가장 좋은 카메라는 스마트폰이다. 타이밍이 생명이다. "찍지 아니면 사진이 아니다."라는 사진작가의 명언도 있음을 잊지 말자.

33. 스마트폰은 카메라에 비해 빛이 모자라면 더 많이 흔들린다. 찍을 때 가능하면 몸을 기대고 찍는다. 여의치 않을 경우에는 겨드랑이를 바짝 붙인다. 오른손 새끼손가락은 아래를 잘 받치고 왼손으로 스마트폰을 안정적으로 고정하고 찍는다. 숨을 잠깐 참고 찍는 것도 좋다.

34. 찍기 전에 스마트폰 카메라 렌즈 닦기를 습관화해라.

35. 카메라 기본 기능인 타임랩스(하이퍼랩스)를 활용해 요리, 네일아트, 예술, 군중, 풍경의 변화 등에서 결과만이 아닌 과정을 보여준다.

36. 프리미어 프로를 쓸 여력이 안 된다면 키네마스터, 비바비디오, 블로 등 스마트폰 앱을 사용하자. 구독자 79.4만 명 초딩 유튜버 '띠예'도 직접 편집한다.

37. 사진에 필기체, 명조체 글귀로 감성을 더한다. 라인카메라 텍스트 기능을 추천한다(@hanwhadays, @gwangmyeong_official 참고).

38. 인스타그램 콘텐츠 픽셀 사이즈를 모른다면 캔바 앱을 이용한다. 수많은 무료 템플릿을 이용할 수 있다. 국내 템플릿은 미리캔버스(www.miricanvas.com)를 추천한다.

39. 유저의 게시물 체류 시간도 활성화에 영향을 미치므로 슬라이드 게시물(캐러셀)의 경우 첫 장의 사진 선택이 중요하며 동영상 업로드 시 커버 사진 선택이 중요하다.

40. 예전에 비해 카드뉴스도 통하는 추세라서 좋은 콘텐츠만 있다면 카드뉴스만으로도 계정을 키울 수 있다. 열정에기름붓기(@passionoli) 및 뉴스 계정을 참고하자.

41. 검색 탭의 큐레이션 기능에 노출이 잘 되면 '떡상'한다. 팔로우 중인 사람, 좋아하는 사진, 저장한 사진 기반으로 노출되니 내 콘텐츠를 좋아하고 저장하게끔 기획한다.

42. 관심 있는 분야의 콘텐츠로 초반에는 직접 찍은 사진으로 운영하다가 지인의 제보를 받으면서 운영하다 보면 어느새 10K 팔로워의 커뮤니티 계정이 될 수도 있다. 큰 그림을 그려보자.

43. 오프라인 매장의 경우 고객에게 계정이 있다는 사실을 구석구석 알리고 원하는 해시태그를 달게 해서 우리의 마케터로 활용한다.

44. 우리 계정의 해시태그를 팔로우해서 피드에서도 놓치지 말자. 해시태그를 달아준 고객들에게 감사 인사를 하며 소통한다.

45. 후기 게시물 중 톤앤매너가 맞는 게시물은 리그램(리포스트 및 리그램 앱은 가급적 쓰지 말자. 워터마크가 지저분하다.)을 통해 콘텐츠를 확보하라.

46. 리그램 시 저작권, 초상권에 유의하라. 우리 제품사진이라도 사진의 주인은 내가 아니다.

47. 본인 계정을 잘 운영하는 것보다 더 중요한 점은 찍고 싶게 만드는 장치를 만드는 것이다(자판기카페, 피맥컴퍼니, 서울리즘, 네온사인 글귀 등 참고).

48. 인플루언서 마케팅 시 직접 연락이 어려운 경우 플랫폼을 활용한다(마켓잇, 태그바이, 미디언스, 픽업 등).

49. 기업 계정의 경우 정기적으로 이벤트를 활용한다. 팔로우, 친구 소환, 댓글 이벤트를 동시에 진행할 수 있다. 리그램 이벤트는 체리피커(자기 실속만 챙기는 소비자)가 많아 추천하지 않는다.

50. 팔로워를 늘리는 정석은 해시태그 등을 찾아다니며 관심을 먼저 표하는 것이다.

51. 선팔과 맞팔을 통해서라도 팔로워를 늘려야 한다. 팔로잉 1천·팔로워 2천과 팔로잉 5천·팔로워 10K 중 어느 쪽을 선택할 것인가.

52. 자동 관리 프로그램은 위험하다. 정말 믿을 수 있는 업체가 아니라면 그냥 직접 해라. 특히 상대 콘텐츠에 대한 언급 시 큰 문제로 번

질 수도 있다.

53. 페이스북 크리에이터 스튜디오에서 PC로 업로드 및 예약 업로드 가 가능하며 인사이트도 확인 가능하다.

54. 내가 손으로 할 수 있는 상식선에서만 활동하면 큰 문제는 생기지 않는다.

55. '좋아요'를 갑자기 너무 많이 하거나, 1일 50개 이상 업로드하거나, 같은 내용의 DM을 빠른 시간 내에 15개 이상만 보내도 차단될 수 있다.

56. 콘텐츠와 글 작성 시 예민한 내용을 주의한다(광명시, 무신사닷컴, 마 켓비 사례 참고).

57. #컨셉 + #공감 + #좋은_콘텐츠 + #소통 + #enjoy = #인플루언서 or #인기 브랜드

아무나 쉽게 따라하는 인스타그램 마케팅

초판 1쇄 발행 2020년 9월 22일
초판 11쇄 발행 2022년 11월 14일

지은이 | 황규진
펴낸곳 | 원앤원북스
펴낸이 | 오운영
경영총괄 | 박종명
편집 | 최윤정 김형욱 이광민 양희준
디자인 | 윤지예 이영재
마케팅 | 문준영 이지은 박미애
등록번호 | 제2018-000146호(2018년 1월 23일)
주소 | 04091 서울시 마포구 토정로 222 한국출판콘텐츠센터 319호(신수동)
전화 | (02)719-7735   팩스 | (02)719-7736
이메일 | onobooks2018@naver.com   블로그 | blog.naver.com/onobooks2018
값 | 16,000원
ISBN 979-11-7043-123-7 13320
       979-11-7043-124-4 (세트)

이 도서의 국립중앙도서관 출판예정도서목록(CIP)은 서지정보유통지원시스템 홈페이지(http://
seoji.nl.go.kr)와 국가자료종합목록 구축시스템(http://kolis-net.nl.go.kr)에서 이용하실 수 있습
니다. (CIP제어번호 : CIP2020032819)